心理療法と祈り

◎

加藤清先生追悼

山本昌輝［編著］

コスモス・ライブラリー

心理療法と祈り――加藤清先生追悼――

◎

目次

執筆者一覧（五十音順）

青木真理　福島大学総合教育研究センター教授

近藤正樹　アルコ心理オフィス　代表

辻野達也　心理臨床オフィス artisan 代表、関西大学専門職大学院非常勤講師

西村理晃　ロンドン医療センター、Camden Psychotherapy Unit, The Institute of Psychoanalysis

橋本朋広　大阪府立大学大学院人間社会システム科学研究科教授

三宅理子　東海学園大学人文学部心理学科教授

山本昌輝　立命館大学文学部教授

山本陽子　（公益社団法人）葵橋ファミリー・クリニック首席カウンセラー、奈良女子大学・立命館大学非常勤講師

まえがき

山本昌輝

一九九三年に故人の加藤清先生の声掛けで結成された「葫蘆之會」の活動も、二〇一八年四月に閉じることになった。加藤先生が二〇一四年に逝去されて以降、長い休眠期があった。加藤先生の生前中に企画された書が本書である。この本の出版がここまで遅れたのも、また会の活動が長い休眠期を経過したのも、結局は加藤先生を喪った哀しみが原因であった。

会の活動として、これまで『風土臨床』、『心理療法の彼岸』（いずれもコスモス・ライブラリー刊）の二冊を成果として有志により刊行してきた。そして本書は、三冊目として会を終息するにあたり三部作のトリと位置づけられるものである。一冊目の『風土臨床』は、会の研究活動に多大なご協力を頂き、我々の師であり精神的支柱でもあった玉城安子氏が二〇〇〇年に亡くなられたことを受けて、彼女へのせめてもの恩返しとして位置づけられる書であった。二冊目の『心理療法の彼岸』は、加藤清先生と歩んできた研究活動の各自の到達点を明らかにする書であった。そして、二〇一四年に会の屋台骨で有った加藤清先生を喪った。

そもそも本書『心理療法と祈り』は、加藤先生の存命中に企画したものであった。しかし、先生を喪ったことは、大きな打撃となり、企画者であった私の意欲を大きく損なっていた。企画当初に早々と原稿を寄稿してくれた仲間には本当に申し訳ないことをした。

だけどもここで、再びこの未完の企画を完遂しようと私に決意させたのは、ここまで私を育ててくれた加藤先生への思いとその活動の中心であった葫蘆之會への忸怩たる思いであった。葫蘆之會も長期にわたって休会状態で、もはや休会しているのか閉会したのかすら曖昧になっていた。この状態から脱するには、この企画を完遂するしかないと私は考えたのである。これまで葫蘆之會の活動として出版してきた二冊の本を考えても、三部作として完成させる、つまり、葫蘆之會としてきちんと幕を閉じる作業を終えることが必要であると考えたのである。

この本の出版を機に例会を二回開催した。本当に久し振りのことであった。皆も年をとり、各が忙しくなって参加者こそ少なかったけれども、それでも久々の知的刺激の多い会であった。本書が出版される際には、出版記念会として最後の例会・解散式を実施する予定である。回顧も含めて、加藤先生との日々に一つの区切りがつけられるだろう。そのことでやっと喪の作業が終焉するのではないだろうか。

この本を企画したときは、加藤先生の薫陶を受け続けられることを疑うこともなかった。結果的には、追悼論文集となった。玉城安子さんの時もそうだけれども、お付き合いしていると、たとえ彼女の健康状態が芳しくないことを知っていても、いつまでも存命であることを疑わない。このことは願望以上の何かを彼女に対して抱くからであろう。加藤先生に対してもそうである。彼が伝説の精神科医と呼ばれ、周囲に彼が存命であることを知って驚く人が少なからず居ても、やはり我々葫蘆之會のメンバーは心情的にいつまでも存命であると信じていた。合理的に考えて、彼の寿命がやがて尽きることを理解はできていても、心情的には全く理解しない。おそらく人間が生きるということは合理的に適応的に生きるということだけではなく、現世に不在となった今も彼を心情的に思い、共に生きること、これが可能であるということ、このことこそがまさに人間が生きるということなのだろう。還らぬ人となったとしても、現世に不在だとしても、それどころかもう彼岸にも全く存在しない人だとしても、なお人間はその人を思い、共に生きることができること、このことは驚愕に値する人間の能力である。本書で取り上げる祈りも詰まるところ、祈りが通じないことをどこかで納得しつつ、思いが通ると信じて人は祈る。祈りの目的と矛盾する現実の有ることを含みつつ、それでも祈ることができるのは感嘆すべき能力ではなかろうか。筆者の想いは、おそらく心理療法においても似たような営みがあって、それでも来談者は心理療法家を信じて、心理療法に投企することで彼らは困難な状況を乗り越えてゆけるのではないだろうか。それこそ、加藤先生がいつも口にしていた「包越」だと信じる。葫蘆之會とその活動期間中に生起した玉城安子氏と加藤清先生の逝去、これらのことをすべて包越する試みが本書であると位置づけることができる。玉城さん、加藤先生と共にありながら、祈るように本書を編む作業に、これからのメンバーの発展を確実なものにする礎となることを祈念するものである。

第1章　加藤清先生との出会い

青木真理

縄文マリア[1]を一緒につくった仲間が、仲間内の長老宅から電話をかけてきた。
長老はちょっと体調を崩されていたのだが、電話で元気ハツラッ！　うれしいなあ。
私にとっては、この長老の元気な声は、通水したときの

Ｗａｔｅｒ！

にも通じるもんがある。

彼らが陽気なので、私も悔しくて、今夜はちょっと飲むことにした。

これは、二〇一一年三月二十日の私のブログに記した文章である。二〇一一年三月十一日金曜日に福島市で震災に遭遇し、翌日土曜日十二日から一週間水のない生活をし、三月十八日に通水した。そしてその二日後、加藤清先生を訪ねておいしいものを食べていた山本陽子さんたちが電話をかけてきてくれたのである。

この先生からの電話が何日だったか、と自分の日記を調べていて震災後の状況を久しぶりに読むと、その時の心理状態がよみがえってくる。物事の明るい面を見よう、見よう、としていたが、それは反面、追い詰められていたということでもある。そんななか、加藤清先生の声は希望の声として響いた。

本文では加藤先生の思い出について、思いつくままに書いてみたい。先生と出会って約三十一年経つ。先生が亡くなって四年なので生きている加藤先生と出会っていたのは二十七年間ということになるが、成田善弘[2]が治療終結の兆しを示すものとして「治療者の内在化」(「先生ならこうすると思って」と患者が発言し始める)ということを書いていることを思い合わせると、私も内在化された加藤清先生と対話を続けている、という感じがあるので、今もって加藤清に出会っていると言っていい。その三十一年間の様々な経験を思い返しながら、加藤清という宇宙を、今の私がどう考えるか、という話を書いてみたい。

最初の出会い～スーパービジョン

先生と出会ったのは一九八六年の四月のことだった。京都大学大学院教育学研究科修士課程に進んで村本詔司先生の外書購読(心理学と宗教)の授業に出席しはじめたのだがその授業に加藤先生がゲストとして参加されていたのである。それから半年ほどたって、今度はスーパーバイザーとスーパーバイジーとして、国立京都病院心身医療課のオフィスでお会いした。京都大学の大学院には修士課程の一年のなかばから一年間にわたって外部の臨床家のスーパービジョンを受ける制度があった。その謝礼はかなり低額に抑えられていて、加藤先生は後年よく「京都大学から電話かかってきて、青木さんていう院生のスーパーバイズやってくれへんかと言われた。僕は一年間数万円でやらされた」とおっしゃっていた。京大の臨床の教室の院生で加藤先生に継続的にスーパービジョンを受けたのは後にも先にも私ひとりであると思う。単発のスーパービジョンを受けた人は多数あったが。加藤先生の継続スーパービジョンを受けたいという意思を示したとき、教室の主任教授であった河合隼雄先生から「ええのじゃないですか。ただときどき、ちょっとあんたにはわからんこと言いはるかもしれへんけど」と言われた記憶がある。

初回のスーパービジョンでは私の両親の年をきかれ、「僕より十年くらい下やな。あんたは僕の子どもと孫のあいだくらいの世代やな」と言われた。修士課程一年で初めてもったケースは、登校拒否の高校一年生の女子のカウンセリングケースだった。初回に施行したバウムテストを見て先生は「このバーム見て、あんたは何て言うたんですか」と問われた。描画後の定型の質問をいくつかして、特に描かれたものに対するコメントはせず、話に移ったと、報告したところ、先生はそれではいけない、と言われた。描かれたものに対してこちらが何かしら返さないといけない、と。それは先生がバウムテストを情報量の多い心理検査法として評価しつつも検査という側面だけで終わってはならないと考え「木景療法」というパラダイムのもと描画行為を行っていくという考え方を持っておられたということを示す。そして「僕なら、『しんどいなぁ』って言う」と付け加えられた。この「しんどいなぁ」の響きは私の頭のなかで何度も呼び起こせる。呼び起こせるが、同じように言えるかというと、その時から三十年経った今も、言えない。その女性は三回くらい来てその後来なくなり、母親だけが母親面接者との面接に通ってくる状態になった。大学院の先輩たちが、中断しかけのとき手紙を書くのをケースカンファレンスできいていたので私も「待っています」という趣旨の手紙を書いた。しかし本人はもう現れなかった。返事はただ一度、年賀状が来て、「来春から定時制高校に転学することにしました」とあった。今の私がこのケースを考えれば、新しい進路選択を喜びたいと思うが、当時は「来てくれない」ということばかりに注意がいっていた。「くれない」というのは、つまり自己愛の傷つきを感じているということだ。一件しかケースがないときに中断すると、スーパービジョンに持参するケースがないということになる。電話で「ケースないんですけど」と言うと、「そんなことかまへんから、来なさい。もっと大事なことがある」というお返事だった。病院に伺い、「書いても返事が来ず本人の来室もないケースで、私はなんで手紙を書くのだろうか、とその自分の動機がわからなくなってしまいました」と弱音を吐いた。今の私はその言葉に自己憐憫と自己愛を感じ、叱りとばしたくなるけれども、先生の言葉は暖かかった。先生は「それはな、治療的エロス、いうことや」と言われたあとで「せやけどな、それより高い段階にあるのが治療的アガペーや」とも話された。

その時から時間はぽんと飛んで二〇〇九年七月のこと。葫蘆《ころ》之《の》會《かい》(3)の事例検討で私が提出した二十代の女性のカウンセリング事例についてコメントされて、「セクシュアリティが成熟するのにあと十年」と言われた。「セクシュアリティ」の主体はクライエントではあったろうが、治療者自身つまり私のこともあてはまると感じた。「治療的エロス」についてはクライエントをなんとかよい方向に持っていきたいという、やむにやまれぬ気持ち、と理解しているが、心理療法にかかわり始めた私の治療的エロスには未熟な治療者としての自己愛の傷つきへの憐れみや傷を癒したいという気持ちも含まれていた。セクシュアリティを含めた全体的存在として熟する先に治療的アガペーがあるのかもしれぬ。

ただし、治療的アガペーの段階には治療的エロスが包含されているのであろう。先生の治療は治療的エロスが馥郁たる香りを放っていた。私は先生の診察場面に同席した経験はなく、京都博愛会病院精神科の医局[4]での勉強会や雑談の中で先生の事例をきいたり、その後も続く勉強や調査の機会で先生の治療論をきいただけではあるが、それらからそのように確信する。ある女性の統合失調症の患者の事例でその人が、先生の膝に座らせてほしい、と頼んだとき「僕は、ええよ、って言うた」と先生はさらっと語った。それは加藤先生以外の誰にもできない行為のように思うが、私の記憶が間違っていなければ、「その人の背後から抱く」とも付け加えておられたように思う。後年、沖縄の信仰の世界をグループ研究するようになったとき、やんばるの地理的特徴のひとつである腰当森《くさてぃむい》について、沖縄の地理学研究の碩学であった仲松弥秀[5]先生が、防風林として台風からムラを守るという物理的な機能に加え、人と人のくらしを「おそう」つまり護るという、心理・社会的な意義も込められると書いておられるのを知り、また、私たちの沖縄研究のインフォーマントであり、師であった玉城安子さんが神事における男女の協同をさして「ウィキ（男）はウナイ（女）のクサティムウイ」と敷衍的に述べたことを思い合わせ、加藤先生が件の女性患者に示した態度・行為は沖縄の古い信仰世界の観念に照らしていえば、クサティムイのようなあり方であり、そこには濃密でありながらさわやかな風の吹くエロスが満ちているように感じられた。

中断せず続いた最初のケースは二歳十カ月で来室した言語発達とコミュニケーションに課題をもつ男児の遊戯療法で、この事例を報告するとき先生は「僕はその子になってプレイルームの中に入っている気持ちできいている」と言った。ほぼ同じ頃に始めた登校拒否の十代の女性の例では、その女性が書くイラストを見て、「まだまだあんたの方を向いてないな」とコメントされ、また「あんたが健康すぎてこの人はしんどいんじゃないか」とも言われた。一年間で終わったこの事例は今もって私の先生ともいえる事例で時々思い返してはそのクライエントのこのシーンではこういえばよかっただろうかなどと考える。『風土臨床』(6)を書く際も、治療室の風土について述べるときに引用した。

一年間のスーパービジョンが終了した後は、院生が自分でスーパーバイザーと契約することになっていた。私は引き続き加藤先生にスーパービジョンをお願いした。先生は引き受けてくださったが、料金は要らない、かわりに、「何か本を買ってもってくるように。あんたが普段読まないものを選んでもってくるといい」と言われた。ほぼ週一回のスーパービジョンに本を選んでいくのは骨が折れたが、これはスーパーバイジーの視野を広げさせようとする親心だったと思う。どんな本を選んだか、記憶に残っているのは、大岡信『詩・ことば・人間』、網野善彦『河原にできた中世の町――へんれきする人びとの集まるところ（歴史を旅する絵本）』である。

先生が国立京都病院を退官されてからは京都の八幡のお宅に伺ってスーパービジョンを受けた。当時先生は石清水八幡宮のあたりをよく散歩しておられて、たいていは夜の散歩で、時にバリのお面をつけて歩く、ということも話された。道で出会う人はさぞやどっきりしたことであろう。スーパービジョンが終わったあと、京阪の樟葉駅まで送っていただいたこともある。

旅・宗教

先生とはたびたび旅行をご一緒したが、その一回目はインド・ネパール・ブータンをめぐる旅で一九八八年三月のことであった。カトマンズの日本大使館参事のお宅に招かれてのパーティでは先生は「ネパール追分」を歌い、ブータンの古都・パロの郊外を散策した折、加藤先生は古城にのぼり漢詩を吟じた。

その後も何かの折に○○追分と称する即興歌を先生はよく歌ったが、追分への興味やその歌唱訓練がどういう経緯で発生したのか、残念ながら聞き損ねた。習ったのは「江刺追分」である、と語っておられたようには記憶する。想像するに、追分が分岐を意味することから、臨床の分岐・クライシスとの意味の重なりを感じておられたのだろうか。あるいは、江刺追分の起源のひとつが伊勢・松阪の民謡であるとされるから、先生のルーツのひとつである三重県の文化の根っこをそこに感じてのことであったろうか。

先生との旅を列挙すると、海外だけをとりあげれば第一回のブータン、第二回が一九九一年三月のチベット、第三回が一九九六年三月のバリ島、第四回が一九九八年六月のダラムサラ（インド）である。一九九四年八月をその始まりとする沖縄への旅は、おそらく十回をくだらない。二〇〇〇年三月に沖縄に行き、その年の七月に玉城安子さんは亡くなっているから、加藤先生が安子さんに会うのはこの時が最後であった。

加藤先生の旅は八〇年代はインドのヒンズー文化、チベット文化圏をめぐるもので、私はわけもわからず先生につきしたがっていたが、今思えば先生は人類の宗教のありかたを思弁し続けていたのであろう。八〇年代の終わりから九〇年代にかけて先生が数回訪れたバリ島については、多宗教が対立を超えて共存する点で、宗教の進化の上位に位置すると考えておられたと思う。宗教の成熟は差異への寛容にあると考えておられた。また男と女、心と体、芸術文化と信仰、悪と善、狂気と正常といった近代的な二項対立を包摂する、バリ島のしなやかな世界観にも興味を抱いておられたと思う。バリ島旅行以降は何につけよく踊っておられた。八〇年代から関心を持って実践もされていた中国の気功ともバリのからだの使い方は共通するところが多くあって接近しやすかったのだとも思う。

先生はカトリックの洗礼を二十代で受けておられるが、なぜ洗礼を受けたのですか、と尋ねたら、戦後の日本で救援活動をしていた外国人司祭の姿に感銘を受けて、という返答を得た。だがそれは多くの理由のひとつにすぎず、また言葉で説明可能な理由のひとつであったということではないかと思う。フランスに学ばれた一年間に、修道院を訪れて、そこで毛布にくるまってマニ車を回している修道士に出会ったことを印象深く語っておられた。カトリックの懐深さに親密さを感じておられたのかもしれない。カトリックを選びながら、汎神論的な宗教観はすでに準備されていたものと思う。

沖縄

沖縄の伝統的な信仰には、先生の関心はかなり昔からあったものと思われる。タイに調査研究のために滞在された折にアニミズム信仰の実際を目にしたことも、沖縄のアニミズム・シャーマニズムへの関心につながっていると思われるが、実際に足を運んだのはかなり後になる。沖縄の海で戦友が亡くなっていることがあって沖縄の痛みを先生自身の痛みとして感じておられたのであろう。心理臨床に携わる者たちで沖縄研究を始めたのが一九九〇年代の初めごろで、私が最初に紹介された沖縄の精神文化についての論文は博愛会病院の医局でコピーを先生から渡された高江州義英の「沖縄の狂気観」(7)であったと思う。『風土臨床』を編纂する時「先生、〝沖縄神学〟を書いてください」と申し上げたのは、沖縄の神学、ということばを何度か口にされていたのを私が拾ってのことだったのだが、書き始めてから「神学（という体系）と沖縄（の存在のありかた）はなかなか合わへんで」とこぼされ、それでも書いてくださいとなかば強引に励まして書いていただいたなかには、先生の二十代の沖縄体験も含められていた。

一九九八年までは沖縄の調査にはいつも加藤先生は参加されていたが、その翌年あたりから先生の同行なしに、沖縄研究グループの数名で沖縄に出かけることが出てきた。先生も七十五歳を超えておられたので毎回参加することは負担が大きくなってきたのであろう。そうした折、旅行後によく電話で先生に沖縄のことを報告したものである。先生は熱心に聞いてくれたので、私は報告することで、沖縄での経験が整理されるという思いを持ち、先生はアガサ・クリスティーのミス・マープルのようなarmchair detectiveであるなあとも思った。同行せず少し距離をおかれたからこそ、発揮された側面もあった。一九九七年から日本心理臨床学会の大会で「沖縄研究」と題する自主シンポジウムが沖縄研究グループによって企画運営されるようになったのだが、三回目の「沖縄研究」自主シンポジウムでは加藤先生は指定討論者として登場し、私を含めた話題提供者の発表に「うわごと言ってます」とコメントした。それはユーモアにくるまれつつも、発表者の興奮とフロアの〝ぽかんとした〟感覚のあいだを埋める絶妙のコメントであったと思う。とはいえ、体験のただ中に身を投じることも続けておられた。一九九九年夏のやんばる・大宜味村根路銘の豊年祭（ウンガミ）で私たち沖縄研究グループがウガンバーレーという神行事の船漕ぎに参加したときは、二〇代から四〇代の漕ぎ手に交じって船に乗ったし、隔年開催のやんばる・安田《あだ》のシヌグに関しては、二〇〇一年のそれではヤマヌブイという、男たちが山に入ってカミになり山を下り女たちに厄払いと祝福を与える行事に参加された。山に入り、ガマズミなどの蔓性植物をからだにまとって下山したのち、まず海、そして川でのみそぎまで勤め上げた。二年後のシヌグでは山こそ登らなかったものの、下山した男たちが厄払いを行いながら海に向かう段になって何食わぬ顔でその列に加わり、海辺につけば衣服を脱ぎあらかじめ身につけていた海水パンツ姿になり、さらにはズボンのポケットに忍ばせていた海水帽も被り、みそぎする男たちと一緒になって海水に身を沈められたのであった。

先生との沖縄での体験でもうひとつ、印象深いのは、一九九九年四月に沖縄で加藤先生を導師として女性三人が集団の瞑想の体験をもったことである。三人は、山本陽子さんと、沖縄の臨床心理士・崎原林子さんと私であった。加藤先生に加えて玉城安子さんも見守る役としてそこにいてくれた。加藤先生に導かれて退行の道筋を降りていきながら、私は赤ちゃんの気持ちと身体感覚を体験し、たとえ多くのことができなくても与えられた小さな可能性を丁寧に十分に生きることができることを体験した。その最中に加藤先生と玉城安子さんの顔が少し高いところにいて見降ろしているのを感じたときに、なんともいえない暖かさと安定を感じたものである。

私の祈り

沖縄研究についてまとめる本として『風土臨床』の編集が始まったとき先生からいただいた年賀状には「うまく楽しく、まとめてくださいね」とある。

一〇代後半から二〇代にかけての私は新奇場面や新しい集団に臆する気持ちが強かったので他者にあまり開かれていなかったと思う。また「流れゆくこと」に親しみを感じて定着することを恐れていた。スーパービジョンを受けていたころ、カウンセリングへの自分の向かい方を称して「場所見知りでした」と言ったところ、「それはあんたの体験から出た言葉やから大事にしなさい」という趣旨のことを言われた。そのように発言したときは「見知り」のほうに力点を置いていた気がするが、その後の私の人生態度の変化を考えると、潜在的な力点はむしろ「場所」にあったようだ。「場所」を得ることと他者に開かれることが、絡み合いながら、その後の私の人生の通奏底音であり続けているように思う。

沖縄研究を契機にグループで何かを行うことの楽しさと難しさを体験するようになり、他者に対してより開かれるようになっていったのは、沖縄研究が私の「場所」になっていったということかと思う。

二〇〇九年以降は沖縄の特定の地域に年三~四回通いボランティアの臨床活動を行っている、それによって沖縄は私にとってより意味深い「場所」となってきた。福島もそうだ。縁もゆかりもないと思っていた福島に、就職により住むことになったわけであるが、住むうちに三方を山で囲まれ東に川の流れる地理風土が私にとっては安寧をもたらす条件であることを確信するようになった。玉城安子さんが、沖縄の信仰と地理の関係を知れば、ヤマトのなかに類似したものを発見しやすくなる、という趣旨のことを語ってくれたが、何度目かの沖縄訪問を終えて福島空港に降りたとき、福島県中通り地方をとりかこむ山のたたずまいに、沖縄でいう「腰当森」を感じ取り、これが玉城さんの言っていたことか、と感じいり、そのとき福島との機縁を強く感じた。原発事故により福島の安全は著しく脅かされ、福島の原発と沖縄の基地は共通項をもつことを知らされた。コミュニティと日常生活の喪失がもたらす主体性と生きがいの喪失から回復することは、福島が今後長期にわたって取り組むことになる大きな課題であると思っている。「福島が」と述べるとき私自身もその中に含まれている。福島はすでに私の「場所」になったのである。原発事故より三年半たったとき、福島市内に家を買った。沖縄に継続して通って人々の暮らしにふれ、いくばくかでも役に立とうとすること。福島に根を張り自分の「暮らし」と人的ネットワークを大切にしながら楽しく役に立つ活動をしていくこと。沖縄と福島という私にとっての「場所」のうえに、先生の「うまく、楽しくまとめる」という言葉につながるような活動を継続していくことが、私の祈りである。具体的には、福島の家で人々と集い、語らい、美味しい料理をつくって好きな食器に盛り、皆で舌鼓を打つことである。

【註】

（1）岩手県藤沢町の野焼き祭りに参加した折につくった焼き物。船に乗った地母神のような立像で、できあがってから「縄文マリア」と命名された。

（2）成田善弘『強迫性の臨床研究』金剛出版　1994

（3）葫蘆之會は，本書の執筆者らが会員として活動してきた、沖縄の文化と心理臨床について考える研究会である。

（4）加藤先生は一九九六年度末で国立京都病院を退官、一九八七年からは京都博愛会病院の顧問医師として勤務された。私は一九九八年六月から博愛会病院精神科の非常勤臨床心理士として勤務した。先生と私は時を同じくして一九九四年三月で同病院を退職した。

（5）仲松弥秀『神と村』梟社　1990

（6）青木真理編著『風土臨床』コスモスライブラリー　2006

（7）高江洲義英「日本精神医学の源流　たぶれびとの世界」『臨床精神医学』11巻1号 pp5-10

第2章　祈りの実践場としての久高島留学センター

辻野達也

はじめに

本書のテーマは「心理療法と祈り」であるが、祈りとは「人間と人間を超えるもの（超自然力、究極的実在、神、仏など）との内面的交通、接触、対話」と定義され、その内容は「祈りには実利的効果を期待するものから非功利的願いに至るまで、さまざまの性格がある。攘災招福《じょうさいしょうふく》、不老長寿など現世の利益を求める祈願、請願、嘆願、信仰の深化と結び付く悔改《くいあらた》め、改悟、執成《とりなし》、感謝、あるいは信仰体制を維持し強化する崇敬、服従、献身、賛美など。個人や集団の心情、態度、意図、動機などとのかかわりによって、複雑で多面的な内容をもつ」とされる（日本大百科全書、小学館）。こうした定義から私は、祈りには、超越的な存在とのコミュニケーション、共同体の絆の形成・強化および繁栄の願い・共存の誓い、個人の当事者性およびコスモロジーの創造の三つの機能があり、それらによってさまざまな個人の変容が生じると考えた。また、祈りとは、主に宗教的な行いであるが、ごく当たり前の日常の体験の中にも祈りの実践の場がある。

こうした祈りの定義に則ると、セラピストという媒介者と心理療法という場があるかどうかという点において違いはあるが、私は、祈りと心理療法を通じての個人の変容の到達点に共通するものがあると考えた。私は、これまでに七十回ほど沖縄に赴き、数々の聖地を巡礼し、いくつもの祭りに関与観察を行ってきた。そうした経験から、私の中で「スピリチュアリティの開け」を体験し、その変容を「オキナワ体験によるスピリチュアリティの開け」としてまとめた。詳しくは拙論を参照にされたいが、私は、スピリチュアリティの開けは、カミとのつながり、自然とのつながり、生きる場とのつながり、実存的基盤とのつながり、生命とのつながり、ドリームタイムとのつながりの六つの条件からなると考えた。そして、こうした変容は、祈りの実践であり、心理療法を通じての到達点でもあるように思い至るようになった。

こうした考えに至ったとき、上記の祈りの三つの機能と個人の変容という心理療法と祈りの実践場として、私が関心を持ち関わってきた久高島留学センターを想起した。私は、久高島留学センターでの山村留学体験は、子どもたちにとって、まさに祈りの実践であり、心理療法を通じての変容のプロセスでもあると考えている。そこで、本論では、心理療法と祈りという観点から、久高島留学センターでの山村留学において、子どもたちがどのように成長・変容していったかについて考察していくことにする。

Ⅰ　研究目的

私は、スクールカウンセラーと教育相談を中心に臨床心理士として仕事をしている。日々、子どもが抱える問題や課題について考えさせられている。学校現場では、不登校の児童・生徒は小中学生合わせて全国で十二万人以上（平成二十七年度　文部科学省）もおり、いじめ、自殺、虐待という深刻な問題も数多くある。また、閉塞感が漂い、なかなか希望を見出せない現代の日本では、子どもたちも、生きづらさを抱え、生きる意味や生きている実感がわかりにくくなっている。そうした社会において子どもたちが身につけるべき生きる力とはどういったものかということが教育現場では大きな課題となっている。

こうした問題に頭を悩ませているときに出会ったのが久高島留学センターだった。私は、これまで七十回以上沖縄に通い、沖縄の風土や民俗文化と人のこころとの関連について研究してきた。近年の沖縄ブームで、沖縄は癒しの島というイメージが定着しているが、それは単なる表層的なことでしかなく、人を惹きつけてやまない深い癒しがあるように直感している。紺碧の空、蒼い海、豊かな自然、素朴で優しい人々、ゆったりとした時の流れ、独自のスピリチュアルな世界、こうした日本本土では失われてしまったよいところが沖縄には今でもたくさんある。（当然、その背後には、沖縄の抱える苦悩もある。）私自身も含めて人はなぜ沖縄で癒されるのか、それを臨床心理士の仕事に活かせられないだろうかということを考えているときに、久高島留学センターに出会った。

Ⅱ　久高島留学センターとは

久高島は、沖縄本島の南東にある小さな離島で、沖縄本島からフェリーで十五分のところにあり、人口約二百人、南北約三キロの細長い平坦な島である。主な産業は漁業で、過度な開発や観光地化はされず、手つかずの自然と昔ながらの沖縄らしい雰囲気と伝統文化が残っている。久高島は、琉球開闢神話で、アマミキヨというカミの上陸地とされ、五穀発祥の地で、「神の島」と呼ばれ、年間二十七回の祭祀行事が行われ、独自の宗教世界が息づいている。また、久高島には、琉球王朝時代の地割制度が残っていて、すべての土地が共有地となっている。成人すると、それぞれの島人に土地が貸し与えられ、そのため、共存・共有という精神が当たり前のこととして根づいている。久高島の人たちは、優しくオープンで、旅行者として訪れても快くあいさつをしてくれるのは、そうした島人の気質によるものなのかもしれない。

また、久高島には、人生の節目節目で通過すべきイニシエーションの儀式が残されている。久高島のウミンチュウ（漁師）は、沖縄でも最も伝統的な文化を継承している。島で生まれ育った男の子は、小さい頃から親の手伝いをしながら、追い込み漁などの漁をする。そうして成長した十三〜十五歳のある日、真っ暗な海岸の岩の祠で一晩を過ごし、翌日無事に獲物をつかまえて島の人たちが待つ港に戻ると、一人前の漁師として認められ祝福される。女性にも「イザイホー」と呼ばれるイニシエーションの儀式がかつてはあった。イザイホーは、十二年に一度午年の旧暦十一月十五日から六日間行われる。久高島の数え年で三十歳から四十一歳の全女性が、ノロを頂点とするカミンチュウ（神女）組織に加入する儀式である。しかし、後継者がいないこと、儀式を執り行う神女がいないことが主な理由として、一九七八年を最後にイザイホーは行われなくなった。

こうした独特の自然環境と文化や宗教世界をもった久高島に、二〇〇一年久高島留学センターは開設された。久高島留学センターに山村留学をする子どもたちは、久高島に住民票を移し、ひとつ屋根の下で共同生活をしながら、久高島小中学校に通う。年間を通して久高島でともに生活をし、地域のさまざまな活動にも参加する。久高島留学センターでは、子どもたちは、男女別の大部屋と共同スペースで過ごす。そのため、プライベート空間はほとんどない。共同生活は、みんなといつも一緒で楽しいという面と、逃げ場がないという苦しい面とがあり、大変厳しいものである。他の子どもたちと一緒にいることと、一人でいられることとの両方が求められる。起床時間や食事の時間などの一日のスケジュールは決められていて、毎日、家庭学習や読書をして、運動やスポーツもする。また、洗濯や食器洗いや掃除などの身の回りのことは、すべて各自でしなければならない。活動内容は、原則として留学生同士の話し合いで自主的に決められる。その内容は、漁や釣りやシュノーケリングなどの海でできる活動、球技や陸上などのスポーツ、野菜作り、民謡や踊りなどの沖縄の芸能、久高島の祭りや行事や清掃活動、絵画や工芸など多岐にわたり、夢や目標をもち、自分が成長することを心がけ、自分で決めたテーマを追求することになっている。久高島には、コンビニや娯楽施設はなく、久高島留学センターでは、携帯電話、テレビ、ゲームの持ち込みは禁止されている。

最近では、山村留学と言うと、過疎地の小中学校で地元の子どもが減少したために、校区外の子どもを転入させて、学校の存続を図ることをさすことが多い。また、山村留学にも、長期休暇期間中だけのもの、数ヶ月単位の短期のもの、一年単位の長期のものとさまざまな形態がある。さらに、その目標も、自然の中で過ごすことに重きをおくもの、農業や漁業や林業を体験させる人づくり事業で子どもたちの生きる力を育むことを目的にするもの、家庭教育に主眼をおくものなどさまざまである。山村留学については、さまざまな見解があるのが現状で、そんな中、久高島留学センターでは、山村留学という活動は、豊かな自然の中で子どもたちをのびのびと育てるということだけではなく、地域で集団で活動することで子どもたちがより切磋琢磨し、家族やコミュニティでの人と人との大切なつながりを回復し守っていくことに意義があると考えられている。

このように、久高島留学センターでの山村留学で、子どもたちは、自分で考え、創意工夫し、かつ自分を律し、他の子どもや地域と人たちと強調しながら、久高島での生活を送らなければならない。そして、こうした活動を通じて、子どもたちは、かつてのイニシエーションのように、子どもから大人へと成長する過程で課されていた体験や学びを経験しているものと思われる。

Ⅲ　久高島留学センターでの山村留学の事例

1　調査方法

対象者は、久高島留学センター山村留学している七名の中学生である（インタビュー調査当時十四名が在籍）。一対一の対話形式でインタビュー調査を行った。聴きとりのはじめに、山村留学に至るまでの経緯を尋ね、その後は山村留学経験について自由に語ってもらった。話の流れの中で、久高島の印象、久高島留学センターについてどう思うこと・感じること、山村留学をして自分が成長したことや変わったことについて質問した。聴きとりは久高島留学センターの共同スペースや大部屋で行った。実施時期は二〇〇五年三月である。

2　事例の紹介

以下は、インタビュー調査七名の事例である。性別や学年や山村留学に至る理由がさまざまな子どもたちにインタビュー調査を行った。ただし、子どもたちの個人情報や個人が特定されるような内容は、省略したり、修正・改編したりしている。また、子どもたちの生の声や実感を伝えるために、実際に子どもたちが語った言葉や表現をできるだけ多く用いている。

［事例１］Ａくん（中学三年男子）

中学一年生の夏休み以降不登校。勉強が嫌になり、面倒臭くなった。学校には行っていなかったが、友達とは遊んでいた。父親が久高島留学センターをみつけてきて勧めた。自分でもこのままではいけないと思っていたので、中学三年から山村留学。

久高島は、小さい子どもからお年寄りまでフレンドリー。海がきれいで、島全体の雰囲気が優しい。お年寄りが特にフレンドリー。どこから来ても、あいさつしてくれる。最初は知らない人からあいさつされて戸惑ったが、あいさつを返していくうちに、だんだんと話すようになった。島の人みんなから見られているのは、たまに嫌になるが、無視されるよりはいい。はじめは「久高島留学センターの子」として見られていたが、島の同級生の親などは、自分という個人として見てくれるのは嬉しい。島の人は、方言をしゃべるけど、いい人。すぐに仲良くなった。島の人は元気だし、釣りもうまい。

他の留学生はあまり自分とちがわない。久高島留学センターで、ずっと一緒にいるのは楽しい。帰ってきて、親しい人がいると嬉しい。みんなといるほうが楽しい。テレビやゲームがないのは困らない。地元に帰ると、テレビやゲームの話についていけなくて困るけど。不便だけど、他で補おうと、海に行ったり、外で遊んでいる。スタッフは、いっぱい注意するが怖くない。みんなのことを考えてくれているのがわかるから。

山村留学してから、あまり緊張しなくなった。人前に出ることが多いから慣れた。笑われたり、失敗しても、受け入れてくれるから安心。自分も強くなった。学校は楽しいが、勉強が面倒くさい。でも、みんな近くにいて、ちゃんと学校に行っているのに、自分だけ行かないのもどうかなぁと思うので行っている。先生が優しくて、生徒数が少ないので、よく見てくれる。根拠はないけど自信がある。不登校を始めたときは、やばいなぁとは思っていたが、何も考えてなくて、大丈夫だろうと思っていた。今はやっていけそうな気がする。山村留学して、メンタル面でいろいろ成長した。来てよかった。進路も決まった。

［事例2］Bくん（中学一年男子）

小学二年時の二学期から不登校になった。小学6年時には登校したが、からかう男子に腹が立った。何度担任に言っても解決せず、エスカレートしそうになったので、山村留学を決意した。久高島留学センターのことはテレビで知った。親に久高島留学センターのことを話したら探してくれた。海が見える暑い所に行きたいと思っていたので、久高島留学センターにした。

久高島は、人がいい。地元では、恥ずかしいからあいさつも声を出さずに頭を下げるだけだったのに、久高島では自分から声をかけられる。声をかけてくるから返さないといけないかなと思った。人が少ないから恥ずかしくない。浜がいくつもあるのが嬉しかった。海は初めてだったけど、すんなり入れた。地元では入ろうとも思わなかった。でも、クラゲは恐い。山村留学当初は、久高島では、警察がないこと、軽トラックの荷台に人が乗ること、上半身裸で外を歩いていることなど、驚くことがいくつかあったけど、今は特別なことではなく慣れた。祭りなどの行事は意味が深い。たいてい同じパターンでおもしろくないけど、それなりに楽しい、嫌いではない。

久高島留学センターは、ドタバタが多いけど、明るく、優しくしてもらっている。合わせようとしているが、馴染めないだけ。でも干渉し合わない。単独行動が多いけど、それでもみんながいるほうがいい。みんな言いたいことを言い合える。ケンカしてもすぐに忘れる。だから、離れたいけど戻ってきた。野菜作りは、面倒臭いけど、農薬が少ないからいい。仕事は週に一度の草抜き程度だけど、自分たちで作ったものを食べられるのは嬉しい。

山村留学して明るくなった。それと、自分のやりたいことがみつかった。地元にいるときから、ゴミ拾いをしていたが、山村留学してからは、変だけど、自分がいいと思うことをやろうと思えるようになった。きれいになるのが好きだし、時々すごくきれいなものがみつかると嬉しい。やりがいがある。スタッフにあこがれて絵を描き始めた。沖縄の芸術や風景がきっかけ。アイデアがいろいろ浮かぶ。絵が頭の中にある。賞を取りたいとやる気が出た。画家になりたいと思う。単純にがんばる。そうじゃないと生きている意味がないと思うようになった。

［事例３］Ｃさん（中学三年女子）

小学六年の四月から山村留学。三歳上の姉が久高島留学センターに留学していて、楽しそうだったし、沖縄が好きだったので、山村留学することにした。

久高島はフレンドリーな島。誰でもあいさつする。恐い人もいるけど、顔知らない人でも誰とでも話す。こころを開けられる。本気で心配してくれる。泣きべそをかいている時に、知らない人でも声をかけてくれる。島の人から見守られているのは嬉しい。しゃべってくれる島の人は、個別の存在として見てくれるけど、知らない人からは「久高島留学センターの子」と見られるのが嬉しくない。行事は楽しい。お年寄りと一緒に話をするのが楽しい。祭りには行かない。女子は大人の仲間入りするような行事はないから。

久高島留学センターは、難儀なこともあるけど、いつも一緒にいるから楽しい。みんなでご飯を食べるのが家とは違うところ。家では一人で食べていた。久高島留学センターでは一人になれない。一人になりたいときは、外に行く。以前はケンカしたら避け合っていたが、今は謝るか忘れるようにしている。久高島留学センターのルールは厳しい。地元に帰ると時間がずれる。久高島留学センターのほうが規則正しい生活をしているから楽。地元の友達と連絡を取るために、携帯電話はほしい。テレビを観ないのは慣れた。

山村留学してから、泣かなくなった。以前は嫌なことがあると泣いていた。強くなった。強くなりすぎたかも。地元だと逃げ出せるけど、久高島は離島なので逃げられない。友達も少ないから仲直りするしかない。前は見ない振りをしていたけど、島だと向き合っていくしかない。

［事例4］ Dさん（中学二年女子）

中学一年の四月から山村留学。親と学校が揉めたことから、地元の中学校に行けなくなった。兄も久高島留学センターに留学して楽しそうだった。母が強く勧めたので山村留学した。小学生の時に不登校経験がある。

ウミンチュウ（漁師）との釣りが楽しみ。手に職を持っているのはいいなぁと思う。久高島は「神の島」で、カミンチュウ（祭りを司る女性）が普通に歩いている。幽霊とかカミサマとか普通に見えてしゃべれるのはすごい。だから信じられる。カミサマとしゃべってみたい。あいさつは地元では大人は返してくれないので、島ではあいさつが返ってくると嬉しい。島の行事も楽しい。

久高島留学センターは、時間に厳しいのは嫌だけど、周りに頼れる人がいるので安心。同世代の友達や親代わりの人がいることが嬉しい。家ではずっと一人だった。小学四年生の時に両親が離婚して、母親に引き取られたが、母の帰りが遅く、兄も山村留学していて、ずっと寂しかった。久高島留学センターはずっとスタッフがいるのでよかった。

最初は帰りたいと思うことが多かった。今はやっていける。卒業までいたい。地元にいる時は、学校では普通だったが、家ではきつかった。家を出たかった。今は友達もいるので、地元の高校に行きたい。前の生活に戻るのは嫌だし、ちょっと不安はあるけど、なんとかやっていけそう。しゃべったことがない人ともどんどん話せる。明るくなった。島の人は優しい。島では何かあったら話を聴いてくれる。島の学校の先生たちは、生徒のことを真剣に考えてくれる。そういうことが嬉しい。

［事例5］ Eくん（中学二年男子）

前の学校では友達とケンカしてうまくいかなくなり、中学二年の十月から山村留学した。中学一年の時もほとんど学校に行っていなかった。久高島留学センターに山村留学していた知り合いから教えてもらい、見学に来たら、久高島留学センターに行こうと思った。

久高島の人たちは優しい。気軽に話せる。みんながあいさつをする。地元ではなかった。最初は「誰？」って思ったけど、みんながするので、自然とするようになった。自分のことを気にかけてくれるので嬉しい。島の人は心が温かく受け容れてくれる。行事は神的行事が多いので緊張する。旧正月の儀式で、酌取りという数え年の十五歳に大人の仲間入りをする儀式が一番緊張した。カミンチュウにお祈りしてもらった。すごいこと。他の所ではできない。

兄弟が三人いるが、久高島留学センターには、十四人もいて、女子もいるのでうるさい。でも、学校から帰ってからもずっと一緒にいるのが、嬉しいし、楽しい、安心できる。一人になりたいと思ったことはない。テレビやゲームやケータイがないことには慣れた。地元では学校から帰ると農業の手伝いをしていたが、久高島留学センターでは、海で泳いだり、釣りをしたり、バドミントンをしているので、こっちのほうが楽しい。

山村留学して、勉強するようになった。規則正しい生活ができるようになって、みんなと同じように、朝六時半に起きられるようになった。今は友達とトラブルはない。友達と遊んでいる時が楽しい。ケンカまでいかない。やめられるようになった。集団生活ができるようになったことが成長。弱い人に優しくなり、声をかけられるようになった。

［事例6］ Fくん（中学三年男子）

中学一年の二月から不登校。面倒臭くなった。校則も厳しく、学校が嫌になった。親がパソコンで久高島留学センターをみつけて勧めてくれ、ホームページを見てよかったので、中学二年から山村留学した。

久高島はいい所。みんな明るいし、学校も楽しい。追い込み漁や文化祭や運動会などの行事は島全体でやることが多い。全員でやるから楽しい。島のみんなと知り合い。島の人から見られていることは苦痛ではない。島に初めて来た日に、島の友達が話しかけてきてくれて、すぐに仲良くなった。海が泳ぎやすい。カミンチュウのやる行ってはいけない祭りには行かない。でも、毎年旧正月のお祭りには行く。

久高島留学センターに来てよかった。近くに友達がいるのがよかった。地元では友達は遠くに住んでいて、会えなかったので寂しかった。濃い人間関係がなかった。久高島留学センターでは、近くに友達がずっと一緒だから楽しい。スタッフ、島の人、学校の先生にお礼が言いたい。特に先生は優しく、細かい所まで教えてくれるのがよかった。

山村留学して、明るくなった。地元では学校以外は家族としか話さなかった。久高島留学センターではいつも友達が一緒なので、よくしゃべる。生徒が少ないので、いろいろ役割をこなさないといけないけど、みんなと一緒にやったからできた。一人でやっていたら、つまらなかったと思う。

不登校になったとき、学校に行かないといけないと思っていたが、高校のことや将来のことまで考えていなかった。山村留学してから、海洋リゾートなどの海関係の仕事に就きたいと思うようになった。久高島の海の美しさを多くの人に伝えたい。

［事例7］ Gさん（中学一年女子）

中学一年の四月から山村留学。地元は、排気ガスで空気が汚く、不良も多い。小学校は楽しかったし、ちゃんと学校に行っていたけど、沖縄に住んでみたかったので山村留学した。

久高島は、海がいっぱいあり、人の数が少なくて楽しいし、人が優しい。もっと不良が多いと思っていた。来た時に「こんにちは」とあいさつされ、感動した。最初は「誰この人？」と思ったけど、自然に返せるようになった。島の行事は楽しい。地元の夏祭りみたい。島の人とよくしゃべる。お年寄りがどんどん話しかけてきて、最後に「がんばってね」と言われて、すごく嬉しかった。島の人に見られているのは嬉しい。態度や雰囲気が優しい。乱す人がいない。

久高島留学センターでは、最初はケンカばかりだった。今はちがうけど。先輩を挟んで話し合いをする。ひとつ上の先輩を巻き込んで、最後は絶対に島の子対久高島留学センターの子に分かれてしまう。それでも自分たちで解決する。どっちかが謝って、すぐに仲直りができる。ケータイないのは不便。電話できない。最初はこっそりしていたけど、今はお母さんだけ。手紙は面倒臭いし楽しくない。返事が返ってくるまで一週間もかかる。テレビは普通に止められた。あっさりと観なくなった。島の友達に内容を聞くだけでいい。

山村留学当初はしゃべらなかった。緊張していた。スカートが長くて「番長」と呼ばれていた。慣れないから、言葉遣いが優しかった。でも、しゃべりづらかった。今では素で話すので、言葉がきつい。よくしゃべるようになり、盛り上げている。島にいる時は方言を話す。お年寄りの前では言葉遣いは優しい。普通に対等な立場で話す。お年寄りとは同じ立場。開放的。先生は礼儀にうるさいけど。自分のことは自分でできるようになった。甘えたら怒られる。甘やかすのはダメ、自分でやるべきだと思うようになった。

Ⅳ　久高島留学センターでの山村留学についての考察

事例ごとに、子どもたちが久高島留学センターでの山村留学を通じて、どのように成長・変容してきたかということについて見てきたが、以上をまとめると、山村留学を通じて成長・変容していくプロセスの中で、子どもたちが身につけた生きる力は、「つながる力」、「悩む力」、「かけがえのなさに気づく力」、「希望をもつ力」という四条件からなると考えられる。以下において、これら四条件について考察していくことにする。

1　つながる力

子どもたちは、久高島留学センターでの山村留学を通じて、子ども同士のつながり、久高島留学センターのスタッフとのつながり、久高島小中学校の先生とのつながり、久高島の人たちとのつながり、自然環境とのつながり、行事や宗教的世界とのつながりなど、さまざまなつながりを体験する。ここでは、その中でも特に子ども同士のつながりと久高島とのつながりに注目していくことにする。

まず、子ども同士のつながりについては、久高島留学センターで子どもたちは、共同生活という濃密な人間関係を経験する。山村留学をする以前は不登校だった子どもも多く、希薄な人間関係の中で生きてきた子どもがほとんどだが、こうした濃密な人間関係を肯定的にとらえ、子ども同士のつながりを大切にしている。例えば、「ずっと一緒にいるのが楽しい。帰ってきて、親しい人がいると嬉しい」（Aくん）、「近くに友達がいるのがよかった」（Bくん）、「ドタバタも多いけど、明るく、優しくしてもらっている」（Cくん）、「周りに頼れる人がいるので安心」（Fさん）が、その例として挙げられる。もちろん、こうした濃密な人間関係を形成し維持するにあたっては、久高島留学センターのスタッフの支えが大きな役割を果たしている。しかし、こうした濃密な人間関係に耐えきれずに山村留学を途中で断念する子どもも、わずかながらいる。

それでも多くの子どもたちが「つながる力」を身につけられたのは、四六時中生活を共にしながら、長所と短所、強いところと弱いところ、すべてを含めて、他者を受け容れ、自分も他者から受け容れられ、お互いにお互いの存在を受け容れることができたからではないだろうか。どんな状況であっても、人は人とのつながりを希求する。そして、そのつながりの中で、自分の思いや気持ちを表現できるようになり、お互いのつながりが強くなり、みんなと一緒だと感じられる居心地のよい場ができ上がるように思われる。

「あまり緊張しなくなった。人前に出ることが多いから慣れた。笑われたり、失敗しても、受け容れてくれるから安心。自分も強くなった」「根拠はないけど自信がある」（Aくん）、「いろいろ役割をこなさないといけないのが面倒臭いけど、みんなと一緒にやったからできた。一人でやっていたら、つまらなかったと思う」（Bくん）、「しゃべったことがない人ともどんどん話せる。明るくなった」（Fさん）などは、仲間とのつながりに支えられ、自分らしく生きていけるようになった例だろう。また、こうしたつながりは、Aくんが「みんな近くにいて、ちゃんと学校に行っているのに、自分だけ行かないのもどうかなぁと思うので行っている」と語っているように、留学以前に不登校を経験した留学生が学校に行くようになった動機づけの一因となっている。自分らしく生きるためには、人とのつながりが支えとなり、一歩前に進むための力の源になるのだろう。

次に久高島とのつながりについては、久高島留学センターでの山村留学において、子供たちは、久高島の人や自然や行事や祭祀と触れる機会をたくさんもつ。久高島のような人口二百人ほどの離島では、島に住む人はみんな顔見知りで、そのため、島の人同士の人間関係は、とても深くて強くて、かつきわめて開放的である。子どもたちも、この開放的な人間関係の輪の中に入れてもらい、久高島の人たちから気さくに話しかけられる。そうしたつながりは、留学生たちにとって、大きな支えとなっているようだ。また、子どもたちは、運動会や祭祀などの久高島の行事にも島の人たちと同じように参加し、そこで島の人たちに受け容れられることで、島とのつながりを深めていく。さらに、きれいな海や大きな空や豊かな自然と触れることや自分たちで野菜を作ることで、さまざまな生命とのつながりとその中で生きている自分の存在を実感しているようである。

例えば、「小さい子どもから年寄りまでフレンドリー。海がきれいで、島全体の雰囲気が優しい」「久高島の人は、方言をしゃべるけど、いい人。すぐに仲良くなった」（Aくん）、「行事は島全体でやることが多い。全員でやるから楽しい」（Bくん）、「人がいい」（Cくん）、「顔知らない人でも誰とでも話す。心開けられる。本気で心配してくれる」「行事は楽しい。お年寄りと一緒に話をするのが楽しい」（Dさん）、「海がいっぱいある。人の数が少なくて楽しい。優しい」（Eさん）、「久高島の人は心が温かく受け容れてくれる」（Gくん）が、その例として挙げられる。子どもたちは、自らが生きる場としての環境や地域に自ら積極的に関与し受け容れられていくという双方向の関わりによって、自分と地域のつながりを確固たるものにし、自らの収まる場を形成していく力を身につけていったのだと思われる。

2　悩む力

子どもたちは、久高島留学センターでの共同生活において、濃密な人間関係をもち、その子ども同士のつながりは、支えであり、楽しみであり、安心感でもある。しかし、濃密な人間関係ゆえに、そこにはさまざまな衝突や行き違いなどの問題も生じる。また、共同生活のため、さまざまな規則や制約があり、身の回りのことは各自が自分の責任でしなければならず、活動内容も、自ら主体的に考えて行動しなければならず、不自由さを感じることも多い。そうした共同生活で、子どもたちは、問題にぶつかりながら、自分で考え解決する「悩む力」を身につけたのではだろうか。この姿勢は、コミュニケーションを深められず、不快なことがあると関係そのものを拒否するすぐに「キレる」こととは対極にある。悲喜交々の感情を自覚し表現することで、お互いに自分をぶつけ合い、相手を受容することができるようになるのではないだろうか。

例えば、「みんな言いたいことを言い合える。ケンカしてもすぐに忘れる。だから、離れたいけど戻ってきた」(Cくん)や「ケンカまでいかない。やめられるようになった。集団生活ができるようになったことが成長。」(Gくん)のように、自分の意見をしっかりと主張していくぶつかる力、関係が悪くなり、後々まで尾を引くことがないようにする自分を律する力を身につけたのだろう。また、Dさんが、「以前はケンカしたら避け合っていたが、今は謝るか忘れるようにしている」、「離島だと逃げられない。友達も少ないから仲直りするしかない。前は見ない振りをしていたけど、久高島だと向き合っていくしかない」と語るように、離島という物理的な条件も相まって、逃げないこと、自分で解決していくことが、山村留学を続けていくために必須のこととなり、自分で解決する力と向き合う強さを身につけたのだと思われる。さらに、生活に関するさまざまな規則があり、携帯電話もテレビもゲームもない環境にありながら、「テレビやゲームやケータイがないことには慣れた」、「久高島留学センターでは、海で泳いだり、釣りをしたり、バドミントンをしているので、こっちのほうが楽しい」とGくんが語るように、制限のある中から本当の自由と創造性が生まれた。そうした主体的な遊びは、テレビやゲームをはるかに凌駕する楽しみであり喜びなのだろう。このような厳しい共同生活を通じて、「自分のことは自分でできるようになった」「自分でやるべきだと思うようになった」（Eさん）のように、責任感と主体性が育くまれるのだと思われる。

このような責任感と主体性を大切にし、自分で考え解決する力を身につけるという考え方の背景には、「当事者性」を重んじる姿勢が、久高島留学センターにはあるように思われる。「当事者性」とは、「自分で考えて決めること」であり、「当事者性」を重んじ、仲間に支えながら、自分の想いや気持ちをできるだけ言葉で表現することで、自分らしく生きていける。現代の教育の場では、受け身的な教科教育や型にはめようとする生徒指導が主流で、子どもたちからこの「当事者性」が奪われてしまっており、「当事者性」を子どもたちに取り戻すことが、現代の教育における大きな課題だと言えるのではないだろうか。

3　かけがえのなさに気づく力

今回のインタビュー調査において、子どもたちからあいさつに関する言及が多く聞かれた。例えば、「どこから来ても、あいさつをしてくれる。最初は知らない人からあいさつされて戸惑ったが、あいさつを返していくうちに、だんだん話すようになった」（Aくん）、「地元では恥ずかしいからあいさつも声を出さずに頭を下げるだけだったのに、久高島では自分から声をかけられる。声をかけてくるから返さないといけないかなと思った」（Cくん）、「来た時に「こんにちは」とあいさつされて、感動した。最初は「誰この人？」と思ったけど、自然に返せるようになった」（Eさん）、「あいさつが返ってくると嬉しい」（Fさん）などが、その例として挙げられる。

そもそも、あいさつとは、「人と人とが出会ったときや、別れるときに交わす儀礼的な動作や言葉。また、その言葉を述べること。相手に敬意・親愛の意を示す行為で、対人関係を円満にし、社会生活を円滑にする」（『大辞林』三省堂）ものである。つまり、あいさつをされることによって、個別の存在として認め尊重され、関係性の始まりのきっかけとなり、その関係性が深まり維持されるのである。子どもたちは、久高島の人たちからあいさつされることで、自らがかけがえのない存在であることに気づき、あいさつしてくれる島の人たちも自分と同様にかけがえのない存在であることに気づき、そのため自然にあいさつを返せるようになったのではないだろうか。

また、久高島の人たちや先生やスタッフから、個別の存在として見られ、気にかけてもらい、見守られていることは、子どもたちに大きな影響を与えているようである。例えば、「自分という個人として見てくれるのは嬉しい」「スタッフは、いっぱい注意するが怖くない。みんなのことを考えてくれているのがわかるから」（Aくん）、「久高島留学センターの人、島の人、先生にお礼が言いたい。特に先生は優しく、細かい所まで教えてくれるのがよかった」（Bくん）、「泣きべそをかいている時に、知らない人でも声をかけてくれる。島の人から見守られているのは嬉しい。しゃべってくれる島の人は、個別の存在として見てくれるけど、知らない人からは「久高島留学センターの子」と見られるのが嬉しくない」（Dさん）、「お年寄りがどんどん話しかけてきて、最後に「がんばってね」と言われて、すごく嬉しかった」（Eさん）、「久高島の人は優しい。久高島では何かあったら話を聴いてくれる」「久高島の先生たちは真剣に考えてくれる。そういうことが嬉しい」（Fさん）などが、その例として挙げられる。

子どもたちは、個として真剣に向き合い、深く関わってもらえることに、大変感謝し喜んでいる。

そうした関わりの中で、子どもたちは、自らのかけがえのなさに気づく力を身につけていき、Gくんが「弱い人に優しくなり、声をかけられるようになった」と語っているように、他者のかけがえのなさにも気づくようになったものと思われる。自分がかけがえのない存在であるという個別性に気づくことが、自分らしく生きる個性化の最初の一歩なのだろう。逆を言えば、Eさんが「もっと不良が多いと思っていた」、「乱す人がいない」と語っているように、かけがえのない存在として見られることで、自分の周りにいるすべての人たちも、自分と同じかけがえのない存在であることに気づくことができれば、調和を乱したり、「不良」という極端な形式での自己表現をする必要もなくなるのではないだろうか。何かを達成すること（doing）で認められる「社会的承認」ではなく、ただありのままの自分でいること（being）で認められる「相互承認」を得られることで、子どもたちは、自分たちのかけがえのなさに気づいていったのだろう。

4　希望をもつ力

多くの子どもたちは、山村留学を通じて、将来への展望と希望をもつようになった。例えば、「不登校を始めたときは、やばいなぁと思っていたが、何も考えてなくて、大丈夫だろうと思っていた。今はやっていけそうな気がする。留学して、メンタル面でいろいろ成長した。来てよかった。進路も決まった」（Aくん）、「留学してから、海洋リゾートなどの海関係の仕事に就きたいと思うようになった。久高島の海の美しさを多くの人に伝えたい」（Bくん）、「スタッフにあこがれて絵を描き始めた。沖縄の芸術や風景がきっかけ。アイデアがいろいろ浮かぶ。絵が頭の中にある。賞を取りたいとやる気が出た。画家になりたいと思う。単純にがんばる。そうじゃないと生きている意味がない」（Cくん）、「今は友達がいるので、地元の学校に行きたい。前の生活に戻るのは嫌だし、ちょっと不安はあるけど、なんとかやっていけそう」（Fさん）などが、その例として挙げられる。

子どもたちは、山村留学を通じて、自分で考え行動し、主体的に生きることで、将来への展望と希望をもつようになったのだと思われる。前に向きに希望をもつようになったきっかけとして、手に職を持ち漁師として海に生きる久高島のウミンチュウやスタッフの生き方がモデルとなったではないだろうか。そうしたモデルを手がかりに、子どもたちは、将来への希望をもつようになり、自分なりの人生観や幸福感を考えるようになっていたと思われる。こうした学びは、画一的な教育や生きる意味が見出しにくい閉塞的な社会ではなかなか実現することは困難なことだが、日本社会がこれまでの右肩上がりの時代から成熟社会に移行する過程で、子どもだけではなく、大人も含めて、すべての人が自分なりの個人神話を創出していくことが、この先の見えない閉塞感が漂う社会で希望をもつために必要な課題ではないだろうか。

また、久高島の独自の宗教世界による祭祀が、留学生たちに少なからず影響を与えているように思われる。例えば、「カミンチュウのやる行ってはいけない祭りには行かない。でも、毎年旧正月のお祭りには行く」（Bくん）、「祭りなどの行事は意味が深い。たいてい同じパターンでおもしろくないけど、それなりに楽しいし、嫌いではない」（Cくん）、「久高島は「神の島」。久高島の人は、カミサマとか普通に見えてしゃべれるのはすごい。だから信じられる」（Fさん）のように、子どもたちは、久高島の祭祀に興味を示し、積極的に参加し、その意味やタブーについても気づいており、久高島の宗教世界の一端を理解しているように思われる。子どもたちは、目に見えない超越的な存在を感じとり、そうした超越的な存在との対話できるようになったのではないだろうか。祭りが形骸化してしまっていることが多い現代でも、子どもたちは、祭りの中に超越的な存在を感じ取るセンサーを失っていないのかもしれない。

特にＦくんは、「行事は神的行事が多いので緊張する。旧正月の儀式で、酌取りという数え年の十五歳に大人の仲間入りをする儀式が一番緊張した。カミンチュウにお祈りしてもらった。すごいこと。他の所ではできない」と語っており、久高島の男性のイニシエーションに強く心を打たれ、自分も一人前の人間だという自覚をもつようになったのだろう。イニシエーションの儀式を通じて、子どもたちは、超越的な存在に自らの存在を受け容れてもらうことで、超越的な存在に見守られているように感じているのかもしれない。そして、そのことが自分という存在や生き方を保証され、前向きに生きていこうと思えるようにさせたのだろう。

けれども、Ｄさんが「祭りには行かない。女子には大人の仲間入りをするような行事はない」と語っているように、子どもたちはイニシエーションを希求しているにもかかわらず、現在の久高島には、「イザイホー」に代わる女性のためのイニシエーションは存在しない。このように、現代の日本社会では、子どもたちがイニシエーションを経験することが難しくなっているのが現状である。けれども、そうした社会においても、イニシエーションの必要性は変わらず、子どもたちが久高島で経験したことは、現代の日本社会において子どもたちがイニシエーションを経験する必要性とその影響の大きさを示唆している。

Ⅴ　久高島留学センターでの山村留学からみえてきたヒント

前節で、久高島留学センターでの山村留学を通じて子どもたちがどのように成長・変容したかを見てきた。祈りと心理療法という観点から見ると、久高島留学センターでの山村留学を通じて、子どもたちは、仲間や共同体の人々とのつながりを形成し、超越的な存在を感じとり内在化させ、自律性と当事者性を身につけ、希望や生き方を学び、さらに宗教性を涵養され、自分なりのコスモロジーを確立したと言えるだろう。久高島留学センターでの山村留学には、久高島というハード面と久高島特有のコスモロジーというソフト面が大きな影響を与えており、他の地域でまったく同じものをつくることが難しいかもしれないが、本章では、他の地域や施設で日常的な営みを続けながら、どのようにすれば久高島留学センターと同様の効果を上げることができるかについて考えたい。最初に挙げた祈りの三つの機能を十全にはたらかせるために、日常的にどのようなことができるのか、久高島留学センターでの山村留学が子どもたちに与えた影響をヒントに考察していくことにする。

1　共同体との絆の形成および強化

久高島留学センターでの山村留学で子どもたちが最も感銘を受けたと口を揃えて言ったことは、久高島の人たちからのあいさつ、見守り、話を聴いてもらうことだった。これらのことは、ごく当たり前のことのように思えるが、しかし、特に都会ではこうしたことが失われているのではないだろうか。例えば、都会でいきなり知らない人からあいさつされたら、きっと「アヤシイ人」と思ってしまうだろう。現に子どもたちには「知らない人に話しかけられてもついていかないように」と大人たちは口を酸っぱくして言っている。だから、都会では大人も子どももむやみに人にあいさつをしなくなる。そうして、いつのまにか他者に対して壁をつくってしまい、お互いに信頼感をもてなくなり、ギスギスとした人間関係になってしまう。また、あいさつがそもそも相手の人の存在を受け容れるということを示しているのに、お互いにあいさつをしないということは、お互いの存在を受容しないということにつながる。みんながやめてしまった今となっては再開するのは難しいかもしれないが、あいさつのもつ意味や価値を再認識して、もう一度「あいさつの力」を信じてもよいのではないだろうか。

久高島留学センターに山村留学している子どもたちの中にも、山村留学の前に人間関係に深く傷ついている者もいる。それでも、久高島留学センターでの山村留学において、仲間との共同生活の中で仲間とともにいることの楽しみと喜びを見出している。そこには、長期間の共同生活ということが大きく影響しているように思われる。久高島留学センターでの山村留学の最大の強みは、大部屋にあるとスタッフは考えているし、私も同じように考えている。大部屋での共同生活は、プライバシーがないという点では、とても不便なように思われるが、山村留学している子どもたちは、この大部屋という条件にむしろ肯定的な価値を見出している。いつも一緒にみんながいるという絆の深さと安心感を子どもたちは感じている。また、いつも遊び相手と切磋琢磨する仲間が一緒にいるということが、人間関係に傷ついた子どもたちを癒し、孤独から解放し、仲間とともにいることを楽しめるようにしたのだと思われる。

また、共同生活をすることによって、他の人がしているのに、自分だけしない、できないということが許されないということも大きな影響を与えている。例えば、学校に行くのが面倒だと思っても、同じ条件で生活している他の子どもが普通に学校に行っていれば言い訳ができない。そうなると、自分だけ学校に行かないのもおかしいので、なんとかして行かなければいけないという気になる。こうしたことは、生活全般について同じことが当てはまる。当番制で食事の準備をしたり、掃除をしたり、後片付けなど身の回りのことをしたり、他の人がやっているのに、自分だけしないという甘えが許されない。ここで大切なことは、強制するのではなく、こうしたことを仲間とともに支え励ましながら行うことに喜びを感じられるということである。多少面倒なことやしんどいことがあっても、仲間とともにすれば、それは楽しみや喜びになるのだろう。

このように、あいさつによる共同体の絆の形成、寝食を共にする共同生活で絆が深まり、信頼と安心感を獲得していくように思われる。

2　個人の主体性と当事者性

共同生活という条件では、なにかトラブルが起こっても、逃げることができず、向き合っていくしかないということも、子どもたちに大きな影響を与えている。何か嫌なことがあると、逃げてしまう、関係を切ってリセットしてしまう、なかったことにしてしまうというような悩まない子どもが多くなっているが、共同生活という条件では、そうしたやり方は通用しない。例えば、仲間同士でケンカをしてしたとしても、どちらかあるいはお互いが謝るなど、自分で解決していくしかないので、なんとかしようとする自発性と、自分をコントロールする自律性が自ずと身についていき、「悩む力」が育まれていく。問題やトラブルを起きないようにするよりも、問題やトラブルが起こった時の対処能力を身につけることのほうが重要ではないだろうか。大人が先回りして、子どもたちに問題やトラブルが起こらないようにする風潮があるが、そうすることで、子どもたちに自分で問題やトラブルを解決するための「悩む力」を育むチャンスを奪ってしまっているのではないだろうか。

また、久高島には、豊かな自然はあるが、コンビニやカラオケや遊ぶ場所はまったくない。けれども、久高島留学センターに山村留学している子どもたちは、こうした「何もないということ」を楽しんでいる。というのは、何もないからこそ、自分たちで創らなければならないが、その想像と創造が、子どもたちにとって大きな喜びとなっている。何もないからこそ、何かを創ることができる可能性があるということが、子どもたちの想像力と創造性をかき立てるのだろう。逆に言うと、豊かになり、物が溢れる生活の中では、新たなものを創造する余地はなく、想像力や創造性をかき立てる機会が乏しくなってしまうのではないだろう。その結果、すでに誰かがつくったできあがった枠組みの中で遊ぶということしかできなくなってしまっているのが現状だろう。安全に遊べる場所が減ったことも大きく影響しているが、そもそも本当の自由がないのではないだろうか。

久高島留学センターの子どもたちの多くは、ゲームよりも島での遊びのほうが楽しいと言っていた。その理由は、ゲームが楽しいわけではないのは、ゲームはすでに与えられた世界で、与えられたものをただこなすだけのもので、本当の自由がないからだろう。ゲームの世界では、何か新しいものを創ることができる余地はなく、決められた枠組みの中で早くゴールに到達することだけが求められる。そうすれば、自ずと想像力や創造性は培われなくなってしまうのだろう。現代の子どもたちの世界には、あまりにも多くの規制や禁止があり、自由に遊ぶことができる場が少なくなっている。そうした点で、久高島留学センターに山村留学している子どもたちは、身近なところに豊かな自然があるので、規制や禁止もあまりなく、自由に遊ぶことができるというアドバンテージがある。しかし、久高島のような豊かな自然がなくても、自由に遊ぶという視点をもてば、いくらでも想像力と創造性を発揮する場はあるのではないだろうか。

このように、ものがたくさんありすぎること、すでにでき上がった枠の中でしか遊べないことと、たくさんの規制や禁止があるために遊ぶ場や機会がないことによって、子どもたちには、本当の自由がなく、想像力と創造性を伸ばすことができにくくなっている。だから逆に、何もないという環境が、子どもたちの想像力と創造性をフルに発揮することにつながっているのだろう。何もないからこそ、何にも縛られず、型にはまることなく、本当の自由がある。また、何もないことの不便さを想像力と創造性によって補うことで、新たな楽しみが生まれ、それを発見する喜びも生まれる。大切なことは、柔らかなアイデア力で、そうした創造に主体的に関わっていくことが、本当の自由と何かを創ることができる喜びをもたらすのだろう。こうした想像力と創造性が、自分こそが自分の人生の主人公であるという主体性と当事者性を育んでいくように思われる。

3 超越的な存在とのコミュニケーションとコスモロジーの創造

久高島留学センターに山村留学をする子どもたちは、「神の島」と呼ばれる久高島に年間を通じて住むことで、宗教性が涵養されているようである。ここで言う「宗教性」とは、特定の宗教の教義や戒律を意味しているのではなく、もっと広い意味で、個の人間を超えた大きな存在や道徳観や倫理観のことを意味している。久高島には、独自の宗教世界が息づいており、聖地がいくつもあり、年間二十七回の祭祀行事がある。島人の生活の中に自然な形で信仰が守られている。こうした久高島の風土の影響によって、子どもたちは宗教性が涵養されたのだと思われる。宗教性が涵養されることで、子どもたちは、超越的な存在を感じ、タブーを知り、イニシエーションを体験したのだろう。

久高島では、カミンチュウ（神人）と呼ばれる女性が日常的に祈りを捧げたり、聖地や拝所が島の至る所にあり、超越的な存在を身近に感じられる。こうして見えないものを感知するようになり、護られているという感覚をもつようになる。久高島の人たちの見守りに加えて、もっと大きな存在に護られているという感覚が子どもたちに大きな安心感や自信を与えているのではないだろうか。また、同時に、大きな存在とのつながりを感得できれば、その大きな存在を通じてあらゆるものとのつながりも感じられるようになるだろう。一人一人がバラバラではなく、大きな存在とそれを媒介としてあらゆるものとのつながっているという感覚をもつことで、子どもたちは、自分と同じように、他の人も大切に思うようになり、自然や生命や環境といったものを大切にするのだろう。

さらに、こうした大きな存在とのつながりの感覚は、昔の「お天道様が見ている」「弘法大師さんが見ている」のように、大きな存在がちゃんと見ているから、悪いことをしてはいけないという思いを子どもたちにもたせていた。そして、そうした思いは、例えば「～をしたら、今日は魚が釣れなくなる」というように、道徳観や倫理観を形作り、自分さえよければいい、バレなければ何をしてもいいという利己主義に陥らないための歯止めとなっている。また、久高島では入ってはいけない聖地や参加できない祭祀行事というタブーがはっきりしているが、そうしたタブーを感知することで、人には超えてはならない一線があるという認識を生む契機になっているのだろう。こうして、上から与えられるのではなく、自然な形で道徳教育がなされていることは、久高島の独特の宗教世界や風土が影響しているように思われる。

　また、久高島の旧正月の行事や漁師の生き方に感化され、久高島留学センターに山村留学をしている子どもたちは、イニシエーションを体験した。そして、このイニシエーションの体験によって、子どもたちは、「根をもつこと」ができるようになったと思われる。「根をもつこと」には、ハード面、ソフト面の水平軸と、コスモロジー（宇宙観）の垂直軸があると私は考える。ハード面とは、物理的な居場所や生きる場のこと、ソフト面とは、自分を支えともに生きる人間関係のネットワークのこと、コスモロジーとは、生きる意味や自分がこの世に存在することの理由を与えてくれる自分にとっての神話や物語のことを指す。久高島で宗教性を涵養された子どもたちは、居場所や仲間とのつながりを獲得すると同時に、イニシエーションによって、自分という存在を人々と超越的な存在とに受け容れられ、一人前の人間として生きていく意志をもつようになったと思われる。そして、イニシエーションによって、子どもたちは、パティキュライゼーション（個別化）され、かけがえのない存在として、自他ともに認められるようになる。このように、「根をもつこと」で、子どもたちは、より活き活きと自分らしく生きられるようになるのだろう。

おわりに

　以上、心理療法と祈りという観点から久高島留学センターでの山村留学について考察し、逆に、久高島留学センターでの山村留学での子どもたちの成長と変容から心理療法と祈りについて考察した。

　久高島留学センターでの山村留学においては、久高島と留学センターという二重の護りがあり、その中で共同生活や久高島独自のコスモロジーを体験するという非日常性と祝祭性が生きる場としてのコミュニティとの絆を形成・強化し、その過程において子どもたちは、イニシエーションを経て、コミュニティや独自のコスモロジーに自らコミットすることで、漫然と受け身的に生きる「被投企的存在」から主体性と創造性をもった「投企的存在」へと変容した。まさにこのプロセスこそが、心理療法と祈りのエッセンスだと私は考える。

ニヒリズムが蔓延し、閉塞感に覆われ、希望が見いだせず、これまで正しいと信じてきたものが信じられなくなり、生きる意味を喪失している人が多い現代において、もう一度希望を見出すために、祈りという行為を通して、人やコミュニティや世界やコスモロジーとつながりを再創造する必要があり、そのためには媒介となる神話が重要な役割をもつのではないだろうか。この点にこそ、祈りと心理療法の共通のエッセンスがあるように思われる。曖昧で先行きが見えず、何も当てにはできないあやふやな現代を生きていくデラシネのリゾームとして、他者やコミュニティによる相互承認という水平軸と、生きる意味を担保するコスモロジーと護りとなるスピリチュアリティとのつながりという垂直軸の支えのネットワークを創造することこそ、心理療法と祈りのもつ力であると私は考える。

謝辞

調査研究にご協力いただきました久高島留学センター元所長の坂本清治様およびインタビューに応じてくれた留学生のみなさんに深く感謝を申し上げます。けれども、諸々の事情により坂本氏はすでに久高島を去り、久高島留学センターの魔法は解かれ、インタビュー調査を実施した頃のような奇跡がもう起こらなくなってしまったことは、とても残念でならない。坂本氏と久高島留学センターから学んだことを今後の心理臨床に活かすことが自分にとっての責務であり、かつ坂本氏への報いでもあることを肝に命じ、坂本氏と現在の久高島留学センターの未来に幸あることを心より願っています。

【参考文献】

・青木真理（編著）『風土臨床』（コスモス・ライブラリー　2006）
・奥野修司『再生の島』（文藝春秋　2015）
・辻野達也「山村留学経験が子どもたちに与えた影響に関する一研究」『心理臨床学研究』第28巻2号　pp232-237　2010
・辻野達也「オキナワ体験によるスピリチュアリティの開け」　山本昌輝・青木真理（共編著）『心理療法の彼岸』（コスモス・ライブラリー　2012）
・山本昌輝・青木真理（共編著）『心理療法の彼岸』（コスモス・ライブラリー　2012）

第3章　祈りと身体の多次元性～「超人称のからだ」試論～

辻野達也

はじめに

筆者は、二〇〇〇年より加藤清先生を中心とする「沖縄研究グループ」に加わり、沖縄の祭祀の調査研究を行ってきた。「沖縄研究グループ」では、自身の心理臨床の文脈で沖縄での体験を考え、その体験から普段の心理臨床を再考し、沖縄体験を普段の心理臨床に還元することを中心に研究してきた。「沖縄研究グループ」のこれまでの経過は、「風土臨床」をキー・ワードにまとめられている（1）（2）。また、筆者自身の沖縄での調査研究は「オキナワ体験によるスピリチュアリティの開け」としてまとめた。また、「沖縄研究グループ」は、その活動の場を沖縄に留まらず日本各地に広げ、さまざまな地域の祭祀についても研究調査を行い、さらに日本を飛び出し海外でも同様の研究調査を行ってきた（3）。

「沖縄研究グループ」ではいろいろな国や地域に赴いたが、本論では、筆者が二〇一〇年と二〇一六年にギリシアを旅した体験から、祈りと身体の多次元性について心理臨床学的に考察していく。祈りについての学術的な議論や実践報告が多くあるが（例えば（4）（5）（6））、祈りについての定義は、ラリー・ドッシー（7）に基づき考察を進めていく。ラリー・ドッシーの祈りについての定義は、

「祈りとは絶対的なものとのコミュニケーション」で、「ひとつの心の態度」であり、唯一正しい「祈りの公式」というものは存在せず、「純粋な祈りの気持ちで心が満たされること」、「絶対的なものとの聖なるつながりを感じる心のあり方、態度そのもの」が真の祈りであるとしている。こうした観点からみると、筆者がこれまでの沖縄での調査研究の旅は祈りの実践であったように感じている。また、筆者が加藤清先生から学んだことに気功があるが、そのことをきっかけに身体の多次元性を心理臨床の実践に取り入れることをライフワークとしている。

そこで、本論では、筆者にとっての二つのライフワークである祈りと身体の多次元性について、筆者自身のギリシアの旅における祈りの実践をもとに考察していく。

ギリシア祈りの旅体験記

二〇一〇年八月、四〇度を超える酷暑のギリシアに初めて降り立った。ギリシアの第一印象は、圧倒的なまでの大地性だった。エフレテリオス・ヴェニゼロス国際空港からアテネ市街へ向かう電車の車窓から見える景色は、赤茶けた痩せた土が剥き出しになった大地だった。極度の乾燥のため葉のない低木くらいしか植物は生えておらず、赤茶けた大地がガツンと筆者の目に飛び込んできた。ここまで大地を感じることが日本での日常ではなかったので、その大地のパワーに圧倒され、そのパワーを自分の身体でその一端に触れたことで、ギリシアの大地性を強く意識する旅の始まりとなった。

アテネ市街では、おきまりの観光スポットであるアクロポリス遺跡と古代アゴラを訪れた。アクロポリスは、「高い丘の上の都市」を意味し、紀元前十三世紀の建設時はドーリア人の侵入を防ぐためのポリスの防衛の城塞として利用されていたが、紀元前八世紀に宛名進行が盛んになったのを機に聖域として機能するようになった。紀元前六世紀に古パルテノン神殿が建てられるが、紀元前五世紀のペルシア戦争でアクロポリスは破壊されてしまう。けれども、紀元前五～四世紀に現在のパルテノン神殿をはじめとする数々の神殿が再び建造された。時は流れ、十七世紀にヴェネツィア軍の砲撃を受けて、アクロポリスは廃墟と化してしまう。十九世紀から現在まで、紀元前五世紀の状態に戻すという計画に基づき修復再建が続いている。アクロポリスに立った時の筆者の感想は、この場所には何も感じるものがなく、二〇〇〇年前に終わってしまったなというものであった。遺跡は形骸化し、すでにそこには生きた信仰や土地のもつ力のようなものは感じられず、やや寂しさが残った。

翌朝訪れた古代アゴラは、アクロポリスとは対照的にものすごくいい気の流れが感じられた。古代アゴラは、古代アテネの中心地として、政治、宗教、経済、文化的施設が集中していた場所で、政治の話をしたり、雄弁家が演説をしたり、哲学者ソクラテスをはじめ、喜劇作家アリストファネスや歴史家ヘロドトスも活躍していたと言われている。ヘファイストス神殿をはじめ、ほとんどの建物を廃墟と化したが、建物の面影から古代の在りし日のアテネを思い起こせるような佇まいは現在も残っている。アクロポリスとはちがって、古代アゴラはまだ生命が息づいているように感じられた。その静寂さの中に身を浸すと、さまざまな思索が出てきて、まるで古代アテネの人々と対話しているかのような感覚もしてきた。何かその場所に立つと、時空を超えたつながりのようなものが感じられた。

翌日、バスでデルフォイに移動する。デルフォイは、古代には世界の中心と考えられ、ギリシア全土から人々の信仰を集め、この地でアポロンの神託が行われていた。けれども、現在のデルフォイは、ただの俗っぽい観光地へと成り下がってしまったような印象が拭えない。博物館に収められている数々の歴史的遺産も、まるでまがい物の飾り物のようで（実際にオンファロスと呼ばれる「世界のへそ」である岩はレプリカが展示されている）、さしたる感動はなかった。ただ、デルフォイで感動的だったのは、アポロン神殿に立った時であった。神殿から眼下の谷を見降ろすと、急に視野が開け、そこからの眺めは絶景で、人間世界から隔絶したような凛とした空気が張り詰め、山と谷と空だけが広がり、まるで今でも神託が降りてきそうで、古代ギリシアの神々と対話するための舞台装置になっていた。こうした天と繋がるためのハード面こそデルフォイが世界の中心であった由縁であるように感じられた。

次に向かったのは、奇岩群の上に建ち並ぶ修道院で有名なメテオラ。テッサリア平原に突如として四〇〇メートルもの大きさの奇岩群が聳える。これらの奇岩の頂上のいくつかには修道院が建てられ、現在でも敬虔な修道士たちが厳しい戒律を守りながら共同生活を送っている。九世紀頃から、下界との生活を断ち切り、人里離れた山奥で神との交信を求めるために、この地に人が住み始めたと言われている。そして、十四世紀にはセルビア人の侵入による戦乱を逃れて大勢の修行者がやって来た。また、アトス山から聖アタナシウスが移住し、最初の修道院メガロ・メテオロンを建設したことをきっかけにいくつもの修道院が建てられた。メテオラは歴代の国王からの保護を受け、ギリシア正教の聖地として発展してきたが、現在では六つの修道院にのみ人が暮らしている。

筆者は、六つの修道院を歩いて巡礼することにした。半日あれば充分に周れるくらいの距離だが、あえて歩いて巡礼したのは、やはり歩くという実にシンプルに身体をつかうことで、風や木々の匂いや鳥のさえずりを感じ、五感をフル稼働させ、その土地とつながり、またそのプロセスにおいて超越的なものとの対話が可能であるので、祈りの旅としては重要であるように感じられたからである。まず初めに訪れたのはメガロ・メテオロン。四〇〇メートルもの奇岩の頂上に建てられた修道院は、まるで絶海の孤島のような佇まいで、外気が四〇度近くにもかかわらず建物の中は薄暗くひんやりとしており、静寂さが保たれていた。昔使用されていたキッチンやワイン蔵などが展示されていたが、どれも質素ながらじっくりと時間をかけた丁寧な暮らしぶりが伺え、修道院での日々の生活を大切に営むことが修行であり敬虔な祈りだろうと感じられた。また、教会の内部は極彩色のイコンが壁や天井に描かれ、ひっそりと瞑想を行い、神を近くに感じられる構造となっていた。

メガロ・メテオロンを出た後、残りの五つの修道院を徒歩で巡礼した。それぞれの修道院の規模や特徴に多少のちがいはあれども、どれも似たり寄ったりのもので、慎ましく信仰生活に生きる人々の営みが垣間見られた。この巡礼で印象に残ったのは、それぞれの修道院よりも、歩いて移動するプロセスとそこで出会った人たちや自然であった。巡礼をしていると、おそらく登山をしているときも同じような感覚に陥るのだが、出会う人と自然とあいさつをし、そこには同じ体験を共有している仲間という意識が芽生えてくる。通り過ぎる一瞬だけの出会いで、初対面にしておそらくもうこの先会うことがない出会いではあるけれど、深いところでつながっている不思議な感覚が起こってくる。また、修道院群から街へ戻るルートは、ちょっとしたトレッキング・コースとなっていて、そこを歩いていると、木々の緑が目に飛び込み、鳥たちのさえずりが語りかけ、風が心地よく駆け抜けていく。そのプロセスで、森羅万象とつながり、あらゆる存在と対話し、大きなものに包まれ守られているような体験であった。巡礼をしていると、身体を酷使することで、身体が溶けて、境界があいまいになり、身体が拡大していくような感覚が湧いてきた。

二〇一〇年の旅の最後に向かったのは、エーゲ海に浮かぶティノス島。特に観光資源もなく、普段はひっそりとした静かな島だが、毎年八月十五日に聖母被昇天祭が開催される前後には、ギリシア全土から熱心なギリシア正教信者たちがこの島を訪れる。筆者がティノス島を訪れたのは八月十日であったが、すでに聖母被昇天祭に向けて巡礼者が集まり始めていた。ティノス島の地形は円錐状になっていて、その頂上部分に教会が鎮座している。巡礼者たちは、チベット教徒が行う五体投地と同じような動きで地面を這うようにして、教会まで続いていく坂道を登っていく。さすがに真似はしなかったが、筆者も、五体投地で坂道を登っていく巡礼者を横目に見つつ、気持ちは身体全体を大地に投げ出すようにして坂道を登ってみた。その体験は、当初自分はいったいなぜわざわざこんなにも苦しい思いをしているのだろうと思わされたが、次第に大地を媒介に教会や聖母マリアが象徴しているような超越的な存在との対話をしているような感覚が湧いてきた。これこそ祈りの原点だと思わせる体験であった。

時は流れて二〇一六年、東方教会の復活祭が行われる四月終わりから五月初めにかけてギリシアを再訪した。今回は日程的な制約もあり、目的地はメテオラと麓のカランバカに絞った。カランバカの教会では、聖金曜日の復活の儀式と土曜日の深夜のミサが行われた。どちらのミサにも、この小さな町のどこにこれだけの人たちがいたのかと驚くくらいに多くの人が集まっていたが、キリストの復活ということに象徴される何かに対して、みんなが同じ想いで祈るということと、ミサの最後に隣近所の人同士でハグするということで、そこに集まった一期一会の人たちが一体感をもち、お互いを身体と心の深いところとで結びつける舞台装置になっていたように感じられた。翌日曜日はギリシアの復活祭の習慣で、朝から子羊の丸焼きを庭先でじっくりと時間をかけて焼き上げ、昼食を親戚一同で会することになっている。われわれ一行も、家々を散歩しながら、余所者でも向え入れてくれそうなオープンな家庭をみつけ、そこで子羊の丸焼きのおこぼれにあずかることになった。こうしてお祭りの日にカミサマの化身かお下がりのようなものを一緒に食べることで、その場を共有する人同士の連帯感が生まれ、またカミサマのような超越的な存在を内在化する、さらにそのことで同じ歴史を共有しているという一体感が形成される効果があるように感じた。

考察～「超人称のからだ」試論～

1　祈りと身体

筆者のギリシアでの祈りの巡礼の旅の体験記から、祈りと身体の関係について心理臨床学的に考察をしていきたい。祈りにはさまざまな形態があるが、「はじめに」での定義のように、祈りを「絶対的なものとのコミュニケーション」と捉えると、筆者のギリシアの旅のプロセスは祈りそのものであった。具体的に何を祈ったということはないが、旅のプロセスの中で、常に絶対的なものを意識し、自分なりに対話していた。また、そうした祈りの行為を通じて、絶対的なものだけでなく、ギリシアに生きる人々、自然、歴史とさまざまなつながりが実感していった。また、巡礼という身体性をともなった祈りの形態であったことから、祈りを通じて、さまざまな身体の次元が開かれていったように感じられた。

次に、ギリシアで筆者の感じたさまざまな身体について見ていく。まずギリシアに着いたときに感じた大地性は、身体が大地に包まれているようなつながりが感じられた。次に、古代アゴラとデルフォイでは、その静寂の場に身を置くことで、古代の人々や超越的存在とのつながりが感じられた。メテオラでは、修道院では敬虔な信仰生活を生きてきた人たちや曼荼羅のような空間での超越的存在とのつながり、巡礼している間には、道で行き交う人たちや自然とのつながりが身体を通じて感じられた。ティノス島では、大地と超越的存在とを坂の上の教会を目指すプロセスで感じられた。また、復活祭のミサでは、キリストという歴史的人物に思いを馳せ、人間として生きることの意味や罪深さを共有し、その場を共にした現代に生きる人々との一体感が感じられた。さらに、キリストの化身であるという物語を共有した日曜日の子羊の丸焼きをみんなで食するという行為を通じて、超越的存在とのつながりを文字通り内在化できる感覚を経験した。

筆者は、自身の沖縄の聖地巡りや祭祀の見学および関与観察を通じて、自身のスピリチュアリティがどのように開かれたかについて考察した(8)。その中で、スピリチュアリティの開けは、「カミとのつながり」、「自然《じねん》とのつながり」、「生きる場とのつながり」、「実存的基盤とのつながり」、「生命とのつながり」、「超越的時間とのつながり」という六つの条件からなると考えた。また、スピリチュアリティの開けによって、加藤清先生が言う「ディープ・エコロジカル・エンカウンター(万物の魂との深い出会い)」(9)が可能になることを示唆した。このように、筆者の沖縄体験を通じてスピリチュアリティが開かれていったが、ギリシアの祈りの巡礼の体験を通して、スピリチュアリティの開けが深化し、さらにこの体験で新たに感じた身体の多次元性について考察していきたい。

2　身体の多次元性

ソマティック心理学では、一人称、二人称、三人称の視点でこころと身体をとらえ、「心身関係を重視する心理学・心理療法の分野で、言語だけではなく、非言語的な手法も統合的に使われるもの」で、「身・情・心・神（Body, Emotion, Mind, Spirit）の視点からホリスティックなアプローチ」を実践している(10)。こうした立場から、身体をさまざまな次元やリアリティでとらえていこうとする試みとして、市川と深尾による〈身〉についての議論を見ていく。

市川は、〈身〉とは、単層的ではなく、成層的な統合体という性格が強いことを示し、重要なことは「〈身〉が関係的な存在であり、そして何との関係においてあるかによって、〈身〉の在り方が決まってくる」とした(11)。さらに、市川は身体を、①主体としての身体、②客体としての身体、③私にとっての私の対他身体、④他者の身体、⑤錯綜体としての身体に分類し、こうした全体としての生成過程が身体であり、かつ「精神と身体とは、同一の現実につきつけられた二つの名前にほかならない」として、デカルト的二元論を超えた次元を示唆した(12)。このように、市川の〈身〉あるいは身体とは、主観的であり、客観的であり、間主観的であり、超越的なものである。

こうした市川の議論を踏まえて、深尾は、〈身〉を「近代西洋医学の対象である「物理的（客観的）身体」（＝三人称のからだ）のみならず、「心理的（主観的）身体」（＝一人称のからだ）、「間主観的身体」（＝二人称のからだ）、および「深層意識的身体」（＝無人称のからだ：魂）を含む多層的関係的存在」と定義した(13)。このように深尾は、一人称のからだ、二人称のからだ、三人称のからだに分け、さらにそれらを統合する無人称のからだを含めた多層的な存在を〈身〉と定義した。この〈身〉の定義をユング心理学やプロセスワークの視点で分類すると、三人称のからだは意識とコンセンサス・リアリティーの領域、一人称のからだと二人称のからだは個人的無意識とドリーミングの領域、無人称のからだは集合的無意識とエッセンスの領域に対応している(14)。このように、〈身〉は、多次元的であり、心身二元論を超越した次元をも含んでいるのである。

一人称のからだや二人称のからだや三人称のからだにはついては、同様の概念が他でも述べられており(例えば(15))、比較的理解しやすいが、無人称のからだについては、ややわかりにくく誤解を招きやすいので、次に、無人称のからだについて詳しく見ていくことにする。

3　無人称のからだ

ソマティック心理学は、こころと身体は「一つの実体の二つの相」であるという心身一如の立場に立ち、「生きた身体（身体感覚、身体動作）をアクセスルートとして、無意識（または、非言語的意識）と接し、意識（言語的意識）との統合を図る心理療法の総称」で、「ボディ・エモーション・マインド・スピリットのバランスのとれた統合（心身統合、身心一如などとも表現される）が究極的な目的である」としている(16)。また、河合は、「身体が生きている現実と、人間が意識している現実との乖離が大きくなりすぎると、人間はストレスをためこんでゆく」、「そのストレスを解消し、一人の人間としての全体性を恢復させるために、人間はこころの病になったり、身体の病になったり、あるいは、心身症という病になったりする」が、このこころと身体をつなぐものを「たましい」と呼び、心理療法を行う者は、「できる限りたましいのはたらきにまかせ」、「こころと体を超えた存在としてのたましいに対して時に想いを寄せる態度をもつことによって、」「こころや体の健康を回復するということ以上の、自分の存在に深く根づく体験をする」としている(17)。このように、こころと身体、あるいは一人称のからだと三人称のからだを超えた次元の身体を想定し、それが両者をつなぐ役割をしていることが想定され、深尾はこうした身体の次元を「無人称のからだ」と名づけた。

無人称のからだと同様の概念として、ユングの「類心的無意識」、マイヤーの「心身相関論」、ミンデルの「ドリームボディ」、老松の「サトル・ボディ」が挙げられる。ユングは無意識を個人的無意識と集合的無意識とに分けたが、集合的無意識のさらに下方にこれまでと性質の異なる広大な無意識領域を想定し、「類心的無意識」と名づけ、無意識は浅い層は心理的だが、深い層になるほど生理的（身体的）になり、類心的無意識領域では、その内容は心理的とも身体的とも区別できなくなると考えた(18)。マイヤーの心身相関論は、こころと身体は共時的な関係にあり、こころと身体の中間領域としての「高次の第三のもの」を〝subtle body（霊妙体、微細身）〟と呼んだ(19)。また、ミンデルは、こころと身体の根っこにある存在を「ドリームボディ」と名づけ、こころと身体はバラバラではなく、ひとつの全体と捉え、夜見る夢やイメージや身体症状やさまざまな問題が深いところでつながっていると考えた(20)。

こうした議論を踏まえて、老松は「サトル・ボディ」という概念を提唱した。老松は、サトル・ボディを「私たちが持っているもうひとつのからだ、肉体とは別の見えないからだ」と定義し、グロス・ボディ（粗大身）との対比で、「グロスな姿をしたものごとの背後にあって、神秘的で目に見えない、本質的な存在のあり方を指」し、「一口にサトル・ボディといっても、その内容は多様で」、クンダリニー・ヨーガでいう微細身、錬丹術の考える金剛のからだ、錬金術が求めた賢者の石、カバラのセフィロート、神智学の説くエーテル体とアストラル体を例に挙げ、「水準や質についてもいろいろで、比較的低級なものから非常に高度なものまでいくつかの階梯が考えられるのが普通」であるが、「永遠で不可視のからだという観念はおおむね一致している」とした(21)。このことは、グロス・ボディとしての三人称のからだの根源に、サトル・ボディとしての無人称のからだという次元が存在することを意味している。

このように、呼び方はさまざまだが、一人称のからだと三人称のからだの共通の根源であり両者を繋ぐ機能をもつ「無人称のからだ」について見てきた。さらに、老松は、「サトル・ボディは最終的な段階まで行ってはじめて得られる完成品だともいえるが、同時に、完成に到るまでのプロセスもサトル・ボディである」とし、サトル・ボディの多次元性を示唆した(22)。次に、さらなる次元の身体である二人称のからだについて見ていくことにする。

4　二人称のからだ

ソマティック心理学では、間主観的なからだを「二人称のからだ」と呼んでいる。まず、間主観性理論では、二者関係におけるやりとりの中で間主観的に生成される体験(二人称の体験)は、必ずしも二人の独立した主観(一人称の体験)またはその足し合わせに還元されない情報を含むと考えた(23)。また、ミンデルは、ドリームボディが他者あるいは関係性というかたちで現れると考え、人間関係のドリームボディを「場《フィールド》」と呼び、ここでは自分も他者もより大きな身体つまり場のチャンネルとみなした(24)。このように、自分であり他者でもあり、かつ自分でもなく他者でもない、その両者を超えて包んだ中間領域にある身体をソマティック心理学では二人称のからだと定義し、二人称のからだを体験するための技法の一つとしてハコミセラピーを挙げている(25)。

他にも二人称のからだを体験する技法として、気功が挙げられる。次に、気についての黒木と濱野の議論を見ていくことにする。黒木は、「気の心理臨床においては「気場」という概念が重要である」とし、「気場とは、人とモノ、人と人、人と集団、人と社会、人と自然など、関係性によって起こる気のはたらきのこと」と定義し、心理臨床の現場では、「セラピールームの中で二者が対峙するとき、お互いが発する気が交流することで、その空間の気の場を醸し出す」としている(26)。このように、気のはたらきによって、人同士や、人とモノや自然とをつなぐ場が形成され、その気場においては、自分であり他者でもあり、かつ自分でもなく他者でもない、その両者を超えて包んだ中間領域にある身体が体験されている。これは、二人称のからだが自分と相手との相互作用によって体験されることを意味しているのではないだろうか。

また、濱野は、「気功法を実践することが、自分と自然の一部としての自然の〝気〟の流れと融合し、存在の根元において深く自分を体験しなおす、ということにつながって」いき、「〈私〉のアイデンティティが〈私〉の身体に支えられ、その身体を感受した〈私〉の感覚体験によって、「私と、私以外のもの」とのぼんやりとした接点をそこにかたちづくる」と述べている(27)。このことは、気によって、自分とそれ以外の存在とがつながり融合しつつ、その場において個としての自分も存在しているということである。このような自他の境界が揺らぎ融合しつつ、それぞれのアイデンティティを保っていることは、自分であり他者でもあり、かつ自分でもなく他者でもない、その両者を超えて包んだ中間領域にある身体の体験という二人称のからだだといえるのではないだろうか。

以上をまとめると、二人称のからだとは、間主観的な場において、自分と他者やモノや自然とつながりつつ、自分というアイデンティティをしっかりともった、自分であり他者でもあり、かつ自分でもなく他者でもない、その両者を超えて包んだ中間領域にある身体のことである。次に、二人称のからだという次元をさらに拡大した「超人称のからだ」について見ていくことにする。

5　超人称のからだ

前節で二人称のからだについて見てきたが、筆者は、二人称のからだは、二者関係に限定されるものではなく、もっと広がりをもったものと考え、これまでのさまざまな人称のからだに加えて、「超人称のからだ」という次元の身体を提唱したい。超人称のからだとは、二人称のからだをさらに拡大して、無人称のからだというスピリチュアティーの次元をベースにしつつ、自分を超えた存在に向かって開かれたものだと筆者は考えている。具体的には、他者、家族、集団、共同体、人類、生命、自然、地球、宇宙など社会システムと環境とのアニミズム的なつながりをもつからだと規定する。つまり、超人称のからだとは、まさに「ディープ・エコロジカル・エンカウンター（万物の魂との深い出会い）」が起こる次元のからだである。

超人称のからだについてより詳細に見ていく。田嶌は、「個人を超えた体験で、身体がなくなっていく感じ、つまり自分の個としての身体を超えた体験」を「トランスパーソナルな身体（超個的身体）」と呼んだ(28)。ただし、田嶌の「トランスパーソナルな身体（超個的身体）」という考えは、個人を超えた体験の幅がかなり広く、かつ神秘体験や臨死体験などの特殊な例に限定されている。また、ウィルバーがユングの集合的無意識に対して批判したことと同様に、プレパーソナルな領域とトランスパーソナルな領域を混同するというカテゴリー・エラーが生じてしまっているように思われる(29)。

これまで見てきた議論に則ると、田嶌の「トランスパーソナルな身体（超個的身体）」は、無人称のからだに近いのではないだろうか。超人称のからだにおいて重要なことは、個をしっかりともったまま個を超えたものとつながりをもつということだと筆者は考える。

こうした超人称のからだのあり方について、濱野の気についての議論が参考になると思われる。濱野は、気功を通じてある種の変性意識状態が生じることがあり、それを「自分はここにいるのだけれど、その自分の境界はぼやけ、天ともつながり、大地ともつながって、自然な気の流れの一部となっている」という感覚であり、「自分が溶けていき、そのなかで宇宙とすべて一体化した感じになっていく一方で、やはりなお、自分は自分としてこの場にいる。日常的な自他の境界がなくなっていくことで、むしろ自分がかけがえのない存在としてこの世にいる。その場所が感覚的に確かな場所となっていく体験」と述べている(30)。このように、超人称のからだとは、他者や共同体や自然や宇宙など森羅万象とのつながりつつ、自分は自分であるという感覚もしっかりともつ次元の身体の在り方だと言える。そして、この点が、無人称のからだと超人称のからだとの最も異なる点であることを強調しておきたい。

また、老松は、サトル・ボディの内容が多様であることと、サトル・ボディは中間領域であり根っこであり、多次元的なものであるとし、究極の目標を指す場合を「狭義のサトル・ボディ」、完成に至るプロセスを指す場合を「広義のサトル・ボディ」と呼んで区別したが(31)、超人称のからだは老松の言う「狭義のサトル・ボディ」に相当すると筆者は考えている。さらに、老松は、「身体がグロスなものからサトルなものへ、さらにもっとずっとサトルなものへと変容していくプロセスこそ、身体系個性化にほかならない」と述べているが(32)、超人称のからだは、個性化の過程を進展させた最終的な次元に属するものであると考える。つまり、無人称のからだは、それに気づくかどうかは別問題として、こころと身体をつなぐベースに初めからあるものだが、超人称のからだは、アプリオリにあるものではなく、自分という個としての主体を確立した上で、さらに個を超えた次元とのつながりをもつことで初めて得られるものである。

こうした個性化の過程の究極の目標としての超人称のからだについて、黒木の自らの歩き遍路体験による心の変容についての考察を見ていく。黒木は、遍路という非日常空間で歩くという苦行を行うことで、「霊的レベルとつながり」、「自分を超えたものに自分を託す思い」である「神聖性」が発現するとし、「四国遍路という巡礼の行為は意識の深層では非日常的なリアリティの中で死と再生的な通過儀礼」であり、「四国の自然、お寺での勤行と祈り、地元の人たち、お遍路仲間にふれたときにお大師さん（筆者註：弘法大師（空海上人）の呼び名で、自分を超えた霊的レベル、スピリチュアリティの意）が現れる」と述べている(33)。この黒木の遍路体験による変容は、まさに超人称のからだの次元の現れだと筆者は考える。つまり、「お大師さん」という個を超えた次元とつながりに加え、さらに、地元の人という他者、遍路仲間というコミュニティ、四国というハード面としての土地と自然とのつながりを感じられる身体の次元こそが超人称のからだである。

こうした個を超えた次元とのつながりをもつ超人称のからだのあり方は、加藤清先生を中心とした沖縄研究会が掲げる「風土臨床」というコンセプトと通じるものがある。青木は、「風土臨床」とは、「環境という、客体化された対象を意味する概念ではなく、自己を含む関係概念としての「風土」」という考えのもと、「「風土」のなかでの心理臨床、心理臨床を成り立たせる「風土」の調えも同様に視野に収めていくような実践的な活動・研究」とし、「山川草木・森羅万象の一部としての人間、魂においてそれらとつらなる「わたくし」を念頭におき」、「魂のネットワークとでもいうべき、様々な存在との連帯において」行う心理臨床と定義した(34)。また、山本陽子は、「(存在の根っことしての大地との)つながりを感じられる空間、存在、関係性を『風土』と名付け」、「『風土』の中には私も、海も、木々も、鳥たちも、大地も、石も、花も～万物が～それぞれの関係性を持って暮らし」、「どの一つもかけがえのない存在であり、そこに在ること、居ることが自然であり、それぞれがそれぞれと関係性で存在している」とした(35)。筆者の考えでは、こうした「風土」とつながるためのインターフェースで「風土」の中で生きる身体こそが超人称のからだである。

まず、「風土」と身体についての橋本の議論を見ていく。橋本は、沖縄のウンガミ(海神祭)におけるヤーサグイという儀式の体験によって、「わたしは「無限なるもの」としての生命の循環を「からだ」で実感し」、この「からだ」を「透明の身」と呼び、「透明な身の体験によって人間と自然の相互性や一体性を感じたわたしは、一瞬ではあるものの、無限あるものに包摂され、安心して存在している感覚を体験した」と述べている(36)。このように、祭りという非日常空間で構造化された儀式を執り行うことで、森羅万象とつながり、超越的なものに包摂される超人称のからだの次元を体験できるのである。ただし、「透明な身」や超人称のからだは、一度体験されれば永続されるというものではない。橋本が「風土」に開かれていることが重要であるとしているように、超人称のからだを生きることを継続するためには、常に「風土」に開かれ、「風土」の波長やリズムに合わせることが必要条件となる。

さらに、橋本は、「透明な身は、個別的存在としての「わたし」や「体」の存立基盤」で、「どのような透明な身が生きられるかによって、生きられる「わたし」、生きられる体が違ってくる」ように、

「「わたし」と体は、透明な身の在り方と相即的な関係にある」と述べている(37)。このことは、本論の趣旨から言えば、「個別的存在としての「わたし」や「体」の存立基盤」である「透明な身」は無人称のからだを指し、「透明な身」が「風土」と一体化した「生きられる「わたし」、生きられる体」は超人称のからだを指していると考える。また、つながっている「風土」によって生きられる超人称のからだも異なり、超人称のからだという究極的な一つのゴールがあるわけではなく、人によってもさまざまで、同じ人でも生きる場が異なれば、生きられる超人称のからだも異なってくる。反対に、「風土」とのつながりが断たれてしまえば、超人称のからだを生きることもできない。このことは、池見が「失自然症」と呼んだ症状に相当すると筆者は考える(38)。

次に、山本昌輝の議論を見ていく。山本昌輝は、「風土」と身体についての考察に「住まう」という概念を取り入れて、「深層心理学から「住まう」ことの本態を捉えると、こころを生活の「場」に住まわせること、つまりは自己の住処としての身体を投影・拡大することによって、拡大された自己の身体像と場(住空間)を重ね合わせること」で、「客体としての空間と主観としての「身体像」とが流動性と相互性を確立させることでその場に「住まう」ということが成立することになる」と述べている(39)。ここでの「拡大された自己の身体像」という概念は、筆者の述べる超人称のからだにきわめて近いものではないかと考える。また、「拡大された自己の身体像と場(住空間)を重ね合わせる」ということは、主体的な意志をもち、自らを場に投企することで、「風土」と一体化することで、超人称のからだを生きることができるということを意味していると筆者は考える。

以上をまとめると、超人称のからだの特徴として、二人称のからだを拡大したからだであること、他者、家族、集団、共同体、人類、生命、自然、地球、宇宙など社会システムと環境とのアニミズム的なつながりをもつこと、個をしっかりともったまま個を超えたものとつながりをもつトランスパーソナルな次元であること、他者や共同体や自然や宇宙など森羅万象とのつながりつつ、自分は自分であるという感覚もしっかりともつこと、個性化の過程を進展させた最終的な次元に属すること、個を超えた次元とつながりに加え、他者、コミュニティ、ハード面としての土地と自然とのつながりを感じられること、「風土」とつながるためのインターフェースで「風土」の中で生きる身体であること、祭りという非日常空間で構造化された儀式を執り行うことで、森羅万象とつながり、超越的なものに包摂されること、そのためには「風土」に開かれている必要があること、つながる「風土」によって生きられるからだが変わること、主体的な意志をもち自らを場に投企することで「風土」と一体化することが挙げられる。

また、超人称のからだは、一人称のからだと二人称のからだと三人称のからだと無人称のからだを包摂するものである。超人称のからだを生きるということは、このさまざまな次元の身体を自由に行き来しながら自らのからだを生きるということでもある。久保は、こうした次元のからだの在り方を「四人称の視点」と呼び、それは「一人称・二人称・三人称の水平的に統合されている世界領域を超越した（略）インテグラルな（統合的な）視点」で、「一人称・二人称・三人称のすべてを包括的に含んで超える」としている(40)。このように、それぞれの人称のからだがバラバラに体験されるのではなく、超人称のからだにおいては、すべてが包越され統合されている。つまり、超人称のからだを生きるとことは、インテグラルな視点をもちながら、全体性を生きるということである。そして、身体の多次元性への気づきと開けによって、他者やコミュニティや自然や宇宙とのつながりである水平軸的超越と、超越的な存在やスピリチュアリティやコスモロジーとのつながりである垂直軸的超越が可能となる。

おわりに

筆者は、ギリシアでの祈りの旅の中で、個人の内面での祈りだけではなく、ギリシアの大地性や天と繋がるための ハード面での舞台装置や、復活祭に見られる人々と絶対的なものとのつながりを強化するためのソフト面での仕掛けによって、スピリチュアリティの開けと同時に、身体の多次元性への開けを経験し、ギリシアという土地で「ディープ・エコロジカル・エンカウンター（万物の魂との深い出会い）」が可能になったと感じている。

祈りという営為は、これまでの筆者の沖縄研究の中でキー・ワードであり、沖縄研究の中で絶対的なものとのコミュニケーションという意味での祈りを筆者は行ってきた。けれども、それらの祈りは、どちらかと言えば、スピリチュアリティの開けという観念的なものであった。それとは対照的に、ギリシアでの祈りは、そのハード面での大地性や舞台装置やソフト面での儀式や巡礼という行為という特性から、身体性ということを強く意識させられ、それがスピリチュアリティと結びつき、超人称のからだに至る身体の多次元性の開けという筆者の体験につながった。そうした体験を経て、筆者は、さまざまな次元のからだを生きているという実感をより強くもつようになった。これまでの「祈り」の旅は、デラシネ（根なし草）のリゾーム（地下茎）をより広げより深める過程であり、超人称のからだを生きることでデラシネのリゾームはさらに強化されたように感じる。

これからもデラシネの旅はまだまだ続く。

【引用文献】

（1）青木真理（編著）『風土臨床』（コスモス・ライブラリー　2006）
（2）山本昌輝・青木真理（共編著）『心理療法の彼岸』（コスモス・ライブラリー　2012）
（3）辻野達也「オキナワ体験によるスピリチュアリティの開け」　山本昌輝・青木真理（共編著）『心理療法の彼岸』（コスモス・ライブラリー　2012）
（4）棚次正和『宗教の根源～祈りの人間論序説』（世界思想社　1998）
（5）棚次正和『祈りの人間学』（世界思想社　2009）
（6）ラリー・ドッシー（森内薫・訳）『癒しのことば～よみがえる〈祈り〉の力』（春秋社　1995）
（7）ラリー・ドッシー（大塚晃志郎・訳）『祈る心は、治る力』（日本教文社　2003）
（8）辻野達也「オキナワ体験によるスピリチュアリティの開け」　山本昌輝・青木真理（共編著）『心理療法の彼岸』（コスモス・ライブラリー　2012）
（9）加藤清・鎌田東二『霊性の時代』（春秋社　2001）
（10）久保隆司『ソマティック心理学』（春秋社　2011）
（11）市川浩『〈身〉の構造』（青土社　1984）
（12）市川浩『精神としての身体』（講談社学術文庫　1992）
（13）深尾篤嗣『〈身〉の医療　心身医学から魂身医学へ』（特定非営利法人 ratik　2015）
（14）藤見幸雄・諸富祥彦（編著）『プロセス指向心理学入門』（春秋社　2001）
（15）久保隆『ソマティック心理学』（春秋社　2011）
（16）久保隆・日本ソマティック心理学協会（編）『ソマティック心理学への招待』（コスモス・ライブラリー　2015）
（17）河合隼雄「心理療法における身体性」　河合隼雄（編）『講座心理療法第4巻　心理療法と身体』（岩波書店　2000）

(18) Jung,C.G. On the Nature of the Psyche. (Routledge 1969)
(19) カール・マイヤー（秋山さと子・訳）『ソウル・アンド・ボディ』（法蔵館 1989）
(20) アーノルド・ミンデル（小川捷之・監訳）『ドリームボディ』（誠信書房 2002）
(21) 老松克博『サトル・ボディのユング心理学』（トランスビュー 2001）
(22) 老松克博『サトル・ボディのユング心理学』（トランスビュー 2001）
(23) 丸田俊彦『間主観的感性』（岩崎学術出版 2002）
(24) アーノルド・ミンデル（永沢哲・監訳）『紛争の心理学』（講談社現代新書 2001）
(25) 久保隆『ソマティック心理学』（春秋社 2011）
(26) 黒木賢一「気が交流する心理的身体」 目幸默僊・黒木賢一（編著）『心理臨床におけるからだ』（朱鷺書房 2006）
(27) 濱野清志『覚醒する心体』（新曜社 2008）
(28) 田嶌誠一「心理臨床における動作とイメージ」 目幸默僊・黒木賢一（編著）『心理臨床におけるからだ』（朱鷺書房 2006）
(29) ケン・ウィルバー（吉福逸也他・訳）『アートマン・プロジェクト』（春秋社 1986）
(30) 濱野清志『覚醒する心体』（新曜社 2008）
(31) 老松克博『サトル・ボディのユング心理学』（トランスビュー 2001）
(32) 老松克博『身体系個性化の深層心理学』（遠見書房 2016）
(33) 黒木賢一「遍路セラピー」 『日本トランスパーソナル心理学／精神医学 vol.12 No.1』（日本トランスパーソナル心理学／精神医学学会誌 2012）
(34) 青木真理「はじめに～風土へのまなざしのはじまり」 青木真理（編著）『風土臨床』（コスモス・ライブラリー 2006）
(35) 山本陽子「大地から教えらえるもの」 青木真理（編著）『風土臨床』（コスモス・ライブラリー 2006）
(36) 橋本朋広「からだと風土」 青木真理（編著）『風土臨床』（コスモス・ライブラリー 2006）

(37) 橋本朋広「からだと風土」　青木真理（編著）『風土臨床』（コスモス・ライブラリー　2006）
(38) 池見酉次郎「現代のホリスティックな人間回復」　『現代のエスプリ　355』（至文堂　1997）
(39) 山本昌輝「住まうということ」　青木真理（編著）『風土臨床』（コスモス・ライブラリー　2006）
(40) 久保隆司「「身体と心のリベラルアーツ」としてのソマティック心理学」　久保隆司・日本ソマティック心理学協会（編）『ソマティック心理学への招待』（コスモス・ライブラリー　2015）

第4章　神事《かみごと》と心理療法

近藤正樹

序

加藤清先生が亡くなられた。存命中に再びお会いすることが叶わなかったことは大いに心残りなことであるが、亡くなられた後も先生について学ばせて頂き、改めてその存在の大きさ、深さに気付かされている。幸いなことに私は、今回加藤先生が始められた葫蘆之會（沖縄研究会）の共著に執筆させて頂く機会を得た。ほんのささやかなものであっても、加藤先生のもとへお返しすることができればと祈りながら本論文を執筆している。

最初に加藤先生をお見かけしたのは、私が葫蘆之會に入る五年前の二〇〇二年九月に、神戸女学院大学で行われた第二十一回人間性心理学会でのシンポジウムにて、お話されていた際のことであった。その席上で加藤先生は、石清水八幡宮にある巨木に抱きつき、自分自身から抜け出し、巨木と一体化した意識が、その木の視点と重なりつつ、木に抱きついている自分の姿をこの世界の上空から同時に俯瞰できるという話をされた。当時の私は、臨床心理学研究科の大学院生であったが、現代の科学的視点という狭い枠組みの中だけでは、語り尽くせない事態が存在すること、またそのような視点に臨床家が開かれていることに意味があるという明言として受け取り、強烈な印象を抱いたと共に、何か不思議な高揚感に包まれたことが懐かしく思い出される。その時の衝撃があまりに強かったので、五年後にお会いした際には、加藤先生がそのシンポジウムの席上でご自身の体験を語っておられた先生であるとすぐに一致できない程であった。

福井県今庄の合宿で再会した際の加藤先生は、まるで仙人の様であった。とても穏やかなまなざしで笑顔を浮かべられながら、深い言葉を発せられ、それでいて柔らかい物腰をされていた。心理臨床の道に非常な困難さを抱えていた私が、心理臨床の道を停まることなく歩み続けられたのも、加藤先生から学ばせて頂き、沖縄での deep ecological encounter と言える原体験を経たことに寄るものが多大である。

思い返せば二〇〇七年に、山本昌輝先生を通して葫蘆之會へ参加させて頂く機会を持った。それ以来およそ十年間、沖縄の風土を中心に心理臨床について研究している會員と共に、現地へ体験的調査へと赴いている。山本先生との出会いがなければ、加藤先生と再会することもなく、風土臨床という視点を意識して心理臨床を行うこともなかったかも知れない。人と人とのご縁は、本当に不可思議なものであり、自《みず》から生み出すことはできず、自《おの》ずから布置されるものである。そのように思いを馳せると、改めて、そのご縁に深く感謝する気持ちが沸き上がり、この機縁を今後も大切にして行きたいと心から思えるのである。

その後の葫蘆之會は、日本に留まらず、精神分析発祥の地であるウィーンやヨーロッパ文明の中心地であったギリシャの地へと発展的展開を見せている。日本とは異なる文化的古層に圧倒されながらも、私自身、言葉にならない情緒的体験を少しずつ言語化する作業をこれからも続けて行き、その成果を日々の臨床活動の中で活かすことが出来ればと願っている。全ては、大いなる生命によって布置された機縁に従い、それに深く感謝の祈りを捧げつつ、その真の姿に迫りたいという思いから、研究を続けているのである。

本論文は、私が葫蘆之會の一員として沖縄、そしてヨーロッパ諸国、とりわけギリシャを訪れ、そこで体験的に把捉した現象に基づきながら、日々の心理臨床の現場で展開される事象と照らし合わせつつ、論及したものである。従って、本論文は、学術論文という形式にはそぐわず、体験記に近いものであるが、しかしそこには心理臨床を営む上で本質的に重要な事態が現成されていると考えている。具体的に沖縄文化圏における神事である、石垣島の白保御嶽の豊年祭（プーリィー）における祈りの形を風土臨床の視点から読み解きつつ、古代ギリシャ地方の風土、更にはその風土の内で展開される、ギリシャ悲劇「オイディプス王」の物語を比較しながら、心理臨床における祈りの持つ意味についての解釈を一つの試論として提示してみたい。

1、沖縄の神事にみられる祈りの方向性

私が葫蘆之會の沖縄研究に初めて参加した二〇〇七年夏の石垣島では、穀物の豊穣を祝う祭事である白保御嶽の豊年祭が挙行された(1)。豊年祭が実施された白保《しらほ》地区の人口は、千五百人ほどで、この祭祀の挙行には、村人が総出で関わり、地区を離れた者もこの日に合わせて里帰りをし、観光客をも巻き込んで、前夜から数々の演舞で盛り上がる。その演舞の際には、出演者ごとに誰々の孫、誰々の子の何某という説明がされて、地域共同体の中で、新しい構成員の紹介が合わせて行われ、それぞれの来歴をたどりながら、繋がりを強めていた。翌日の豊年祭当日には、大勢の人々が見守る中、集落ご

とに旗頭が奉納され、一大パレードが始まる。その先頭には、高下駄を履き、大きな団扇を手にして、ユーモラスなお顔をされたミルク神（弥勒菩薩）が登場する。この親しみ易い、擬人化されたミルク神こそ、この地域に神への信仰が根差し、人々がその神を身近に感じて来た証左である。そのミルク神を四人の神人が扇を振っておだやかな笑顔で迎え、海上浄土であるニライ・カナイより来訪する神に祈りを捧げ、導き入れるのである。この四人の神人《かみんちゅ》は、白保地区にある四つの班をそれぞれ代表されている。

白保御嶽の豊年祭では、土地に根差した太陽信仰、仏教、沖縄神道の三者融合の形が祭祀の内に示されていた。ミルク神は人格神であり、古来より信奉されて来た、太陽神《ていだ》を具現化したものであると考えられる。この為に、沖縄文化圏内での仏教受容の形をミルク神の内に求めることができるのではないだろうか。但し、白保御嶽の豊年祭では、ミルク神が来訪されると言っても、特定の神や仏が祭られているのではない。なぜなら、ミルク神は太陽の昇る方向から来訪される神々の象徴であり、この擬人化されたミルク神を通して、人々は海上浄土のニライ・カナイの存在を身近に感じ取ることができるからである。

古来より日本の宗教観の中には、二つの見方が相補的に混在していると考えられる。一方の見方の根底にあるのは、仏教的世界観に根差す「非実体性の意識」である。非実体性の意識とは、「すべてのものには実体がないという意識、すべてのものには実体がないという意識にもまた実体がない、そのような徹底した意識」のことである。(2) もう一方の見方は、神道の系譜に連なる原始宗教の「霊魂不滅の自然信仰」である。後者の死生観では、死者と共に生きる生き方が根差しており、死者の住まう異界は、暗い地の底にあるのではなく、我々を見守ることができる自然の内にあって、死者の魂は、この世とあの世を往復している。

このような信仰の力が豊年祭の背景には流れていた。人々が祖霊と共に暮らし、集団的心性に親和的であり、家族と血縁との間で人々は日常を過ごし生きてきた姿が現れていた。特に白保御嶽の豊年祭では、個人が祖霊や家族とつながり、そしてその関係を超え包む自然の風土を感応することが出来たのである。

このような宗教観を抱く背景には、人間自身に自己超越への志向性が備わっているとみることができるであろう。哲学者林信弘によれば、超越には二つの方向性があり、「一つは垂直的超越の方向であり、もう一つは水平的超越の方向である。そして前者には、天上に向かってかぎりなく、上昇していく向上的超越と、逆に地下に向かってかぎりなく下降していく向下的超越の二つがある。(3)」とされる。

人間の志向性に超越への方向性が内在されているとすれば、人間が行う「祈り」についてみても、それは超越への方向性を含んだ行為であると言えるであろう。そこから更に進めて、祈りの超越性について詳述すれば、その超越には四種の方向性が存在するのである。その第一は、垂直方向の上方への超越であり、天界へと向かう超越である。第二に、同じく垂直方向ではあるが、先程とは反対の大地の底へと向かう下降方向への超越である。第三に、沖縄地方に広く分布しているニライ・カナイの他界観に沿えば、それは水平方向への超越であり、横超とされるものである。最後の超越は、自己の意識の底へと沈潜し、無の意識へと向かう「超越即内在」である。この様に祈りの持つ意味は多層的であり、意識の拡張のみに留まるものではない。

ここで祈りの意義について要約してみたい。祈りとは、超越の方向性を有すると共に、自己への沈潜から無の意識への開けを伴う行為であると言える。それ故に、祈りという行為には、我々が暮らしているこの世界から異界へと通じる飛躍をも内包している。つまり、我々が生きるこの世的な在り方とは別の次元で、この世を超え出つつ、この世ならぬ異界へと我々を導く行為であり、異界で異界の者と出会うための行為なのである。

このように祈りの超越への方向性は四種に分類されるが、沖縄の宗教性においては、やはり第三の方向性である横超、水平方向への方向性が強調される。それは、日本民俗学の祖、柳田國男の著作『海上の道』(4)においても指摘されている通り、沖縄の持つ風土がそこに居住する人間の世界観をニライ・カナイへと向けさせ、水平方向の海上浄土観として意識させるためである。

ここで沖縄諸島の地理的特徴について触れてみよう。沖縄諸島には標高が高い山が少なく、周囲を海に囲まれており、海までが近い。その為、太陽が海から昇り、海へと沈んで行く景色が沖縄の原風景として人々の間で体験されて来たものと思われる。その為に、沖縄では原風景から生じたであろう太陽《ていだ》への深い信仰があり、太陽が昇る海上に向かって、遥拝するのである。それ故に、異界への通路となる御嶽や拝所（ウガン）が、天界や地底に向う意識より海上への意識を連想させる場所に配置されている。

久米島のある洞窟を訪れた際のことである。そこは日の光が差し込むことなく、真の闇の世界であった。まるで母胎の中を潜るように腰をかがめながら洞窟を抜けると、急にまばゆい日の光が射す空間に出た。洞窟の奥でありながら、ぽっかりとした大きな穴が空いたようなその場所は、多くの遺骨が風葬されてあった。後になって考えると、そこが後生《ぐっそう》と呼ばれる場所であったと思われるが、振り返って考えてみても多数の遺骨を見ても恐怖の念は現れず、静かで清浄な聖域と感じられる場所であった。この地での異界に触れるような体験から、筆者は死者と生者との関係、そして両者が結ばれる場所について強く意識させられたのである。つまり、我々が生きているこの世のすぐ側には、無数の死者が住まう異界が存在することについて、体験的に把捉させられたのである。その場所では、死は生に内包されつつ人間の本質の内に根差しているものとして、死を自覚しながらも生を生きる生き方が人間存在の根底と深くつながることについて改めて考えさせられた。かつて沖縄では、死者が埋葬されて数年が経過した後に、洗骨や墓開けの儀礼が為されていたと言うが、このような習俗からは、死者と共に生きるという意味を体感的に、身を持って受けとめていたことであろう。

2、ニライ・カナイとかなし

沖縄の古代宗教観を一語で示そうとすると、ニライ・カナイという言葉が立ち現れてくる。ところが、この語は、沖縄の有する複雑な歴史と文化史のために、忘却されて来た。その為に、ニライ・カナイという言葉は、語源がはっきりしない難語の一つとされていた。

この言葉に光を当てたのが、柳田國男と沖縄出身の民俗学者である伊波普猷《いはふゆう》、そして同じく沖縄出身の言語学者である外間守善《ほかましゅぜん》である。柳田の論文「海神宮考」によると、ニライ・カナイの原義は、海上の彼方にある死者の魂《まぶい》が安らぐ死者の世界であり、幸福も災いも、全て海から招来すると言うものである。一つの例を挙げれば、神の島と呼ばれる久高島に伝わる海歌には、人が死ぬと死者の魂《まぶい》が海上の浄土へと至り、そこでニライ大王《うぷぬし》（または、東り大王《あがりうぷぬし》）との再会を果たし、そこで再び根の国の一員となった証に、金杯銀杯を頂くとある。また、柳田が『海南小記』(5) の中では、ニライ・カナイの語源について触れ、ニライのことをネノクニ（根の国）だと解釈したことは有名である。

柳田の唱える「ネノクニ」とは、元来生者の住むこの世のすぐ側にあり、我々を見守る霊魂として行き交うことができる場所に位置していた。しかし、この「ネノクニ」の標記に、漢字の「根」という字を当てたがために、死者は地底深くの「黄泉の国」に入ってしまうという誤解が生じたとする。古来よりの死生観から言えば、死者の国は「黄泉の国」、即ち「黄なる泉が流れるという土の底」ではないのである。つまり、柳田の主張に添えば、死者の国は、ニライ・カナイのように水平方向の海上にあるとされる。

一方、外間は、柳田の説に基づき、ニライ・カナイについての語源と語彙を分析し、ニライを「形態的にはニ・ラ・イの三要素で構成された語」とし、「意味論的には、ニライは〈根所方《ねかた》〉とした(6)。この「根所方」とは、祖霊神がいる根所のことであり、死者の霊魂が安らぐ場所という意味である。

このような柳田と外間の説は有力であるが、しかしニライ・カナイの語源については諸説あり、その言葉の発生機序についても不明であるとされる。ニライ・カナイの内、ニライについては、前述したように、伊波、柳田、外間など多数の研究者がその原義を考察している。その一方で、カナイについては、伊波や外間が主張するように、琉球語に多い畳語法であり、ニライの後に出来た語で、「カナイはニライに付いた意味のない後付語である(7)」とする説が有力である。しかし、私には、カナイにも忘れられた原義があるとどうしても思われるのである。そこでカナイの原義を求める為の最初の手がかりとして、柳田の『海南小記』に注目してみたい。

『海南小記』には、柳田が現在の名護市にある汀間《ていま》の住民から聞いたとされる話で、海を渡り来て、島民から迎えられる神のことを「ニライ神加那志《がみかなし》」と名付けていたと記述されている。ところが、柳田がニライから来る神のことを「ニライ神加那志《がみかなし》」と尊称の「かなし」を付けて呼んでいたという指摘は、ニライ・カナイの原義を巡る際の根本事態としてあまり扱われて来なかったように思われる。そこで柳田の「加那志」記述に着目し、カナイとは、古語の「かなし」に由来するという説を展開してみたい。

私が注目する「加那志」の語源であるが、やまと言葉で用いられている「かなし」と同根で、柳田の「涕泣史談」では、「カナシ、カナシムはもと単に感動の最も切なる場合を表す言葉(8)」とされたものである。更に沖縄地方で用いられた「かなし」については、「古語のかなし子、あるいは狂言に出てくるかな法師などと一つで、大切なものを意味する(9)」し、「最も尊くかつ最も大切なものを、同じ語をもって敬うていたのである(10)」と柳田は述べている。また、伊波普猷《いはふゆう》は、論文「琉球人の祖先に就いて」の中で、琉球最後の政治家宜湾朝保《ぎわんちょうほ》の『琉語解釈』より、沖縄に残る日本語の古語と琉球語との共通語を紹介している。そこでは古語の「かなし」は以下のように説明されている。

かなし　可愛《かわゆ》きこと、「われかなしと思うむすめを」（『源氏』夕顔(11)）。

この記述は、『源氏物語』の夕顔の巻のもので、人々が自分の可愛い娘を源氏に嫁がせたいと思っていることを述べた部分である。ここで使われている「かなし」は、「かわいい」、「いとしい」の意味であり、現代の沖縄方言の中でも、「愛《かな》し」として用いられている。

続いて、沖縄の神歌集である『おもろそうし(12)』では、「聞ゑ君加那志《きこきみがなし》」、「神加那志《がなし》」など、先の「ニライ神加那志《がみかなし》」の例で柳田が示した通り、「かなし」は、神や王につける尊称・敬称（様）と同義に解されている。

以下は私論である。「かなし」を形態的に分析すると、「かな」と「し」に分けられ、「かな」は、「彼の地《かち》」の語形が変化したものであり、「し」は形容詞の語尾が付与されたものであると理解できないだろうか。つまり、彼の地とは聖なる神と死者が住む異界のことであり、この地に思いを馳せる際に「感動の最も切なる場合」が現れることを示している。これらのことから、仮説演繹的に類推すると、この「かなし」の原義とは、聖なるものとの邂逅の際に生じる、感情の充溢した状態を指し、その原初的な畏敬の念が言葉に表われたものと言えるであろう。従って、沖縄では神に向かって祝詞を述べる際に、尊敬の念を込めて、とーとぅがなし（尊尊加那志）と語りかけるのである。

以上のことから、ニライ・カナイのカナイを「かなし」と考え、「根来《にらい》・神愛《かない》」として把捉することを試みることにする。なぜなら、ニライとは、ネノクニからやって来る者としての意味を有し、カナイとは海上彼方より来る祖霊神への尊敬と畏怖の念を表す言葉であるので、その意味を「根来《にらい》・神愛《かない》」と表記することで端的に示すことができるものと考えるからである。つまり、「根来《にらい》・神愛《かない》」という言葉には、死者と生者、神と人との関係を取り結ぶ意味があり、神に向かって祈る気持ちが含意されていると考えられる。以上、沖縄の風土臨床と「ニライ・カナイ」について見て来たが、次節では、ギリシャ悲劇「オイディプス王」の物語について風土臨床の視点から考察し、沖縄の神事との比較を試みることで、心理臨床についての視点を深めて行きたい。

3、風土臨床から見た「オイディプス王」

オイディプス王の物語について、ギリシャの悲劇作家ソポクレスによる『オイディプス王』[13]を底本として概観する。この物語は、「オイディプス王」が治めるテバイに疫病が蔓延し、その災いを鎮めるためにデルポイにある神託を授かることから始まる。その神託によって、テバイにかけられた呪いは、先王であったライオスが殺害されたことに端を発することが判明する。更に、ライオスを殺害した者がテバイに留まることで土地が穢され、呪われたとのことであった。最後に、その呪いを解く為になすべきことは、先王を殺害した者を罰することであると神託は命じる。オイディプスは神託に従い、テバイの人々を救う為、ライオス王の殺害者を探すことになるのだが、そもそもこの呪いは、先王が働いた不義に起因するものであった。

時は、ライオスがテバイから追放されていた時代に遡る。彼の父であるラブダコス王は、即位後二代目の王ペンテウスと同様にディオニソス崇拝に反抗し、殺される。この時、ライオスはわずか一歳であり、ヘパイトス一族であったリュコスが再び政権を簒奪する。そのリュコスが死にその後王権を継承したアムピオンにより、ライオスは追放された。

追放後、ペロポネソスのペロプス王の下へ亡命し、庇護を受けていたライオスであったが、王の息子であるクリュシッポスに戦車を駆る術を教えている間に彼に想いを寄せ、彼を誘惑し、それを恥じた王子は自殺する。激怒したペロプス王は、ライオスとその後三代の子孫に対し、「恐怖の中で生き横死を遂げるべし」という呪いをかける。

その後、デルポイの神託により以下のように告げられる。「ライオスよ、クリュシッポスに対し犯せる罪、さらにギリシアの地にもたらせし禍いの故に、運命はかくの如く定まれり――汝、男児をもうけることなかれ。男の子生まれなば、汝をあやめ、神にも人にも大いなる罪を犯すこと必定なればなり。また長じては、己が母を妻となし、さらなる穢れをもたらすならん。しかるに男児汝になかりせば、かの呪い汝をかぎりに消え果つるらん」。

ライオス王は、神託の実現を恐れていたが、ある夜、ディオニソスの象徴である酒杯に酔って、妻であるイオカステと交わり、男児を儲ける。いよいよ神託の呪いが実現されようとしていることを知り、ライオス王は生まれた子の殺害を配下の羊飼いの者に命じる。しかし、王位継承者である赤子の殺害を躊躇したこの羊飼いの男が、キタイロン山中に赤子を連れて行き、その地で出会った別の男に託した。その男の差配によりライオスの子は、コリントス王の下でオイディプスとして育つことになった。

コリントスで王の息子として育ったオイ

図1　デルポイのポイボスの神殿

ディプスは、その成長過程の中である一つの疑問を抱くことになる。それは自身の身体に直接刻み込まれた傷に由来するのである。この踝《くるぶし》の傷は、出生直後、ライオス王がイオカステの留め金を使ってつけたものあった。結局その傷は、自身の名前の由来にもなり、彼はオイディプス（腫れた足）と名付けられたのである。その後、彼は自らの出生にまつわる秘密を知るために、デルポイのポイボスの神殿（図1）を訪れる。そこで告げられた神託は、「自分の母親と交わり、自分を生んだ父親の殺害者となるであろう」というものであった。この神託を聞いた後、彼は二度とコリントスには戻らないという決意をし、彷徨の旅に出る。ところが、その途中、彼がポキスの三叉路（図2）でコリントスから来たテバイの王、ライオスの部下と通行を巡って口論となり、結局、オイディプスはライオスとその部

図2　ポキスの三叉路

下を谷底へ突き落として殺してしまう。その後、コリントスへたどり着いた彼は、スフィンクスの謎を解き、テバイの王妃であった、イオカステを王妃とし、不在となったテバイの王となるのである。

ここで筆者が一つの解釈を試みたいのは、オイディプスが乳児期から成人期に至まで過ごしたコリントスの風土と自身の足に刻印された運命の跡が、その後の人生に与えた影響について、風土臨床の視点より言及することである。彼が育った古代コリントスの遺跡からは、デルポイの神殿跡こそ直接は目にすることはないが、コリンティアコス湾を隔てた、パルナッソスの山々を眼前に見渡すことができる。(図3) 確かに、その中腹に位置するデルポイの神託所を直接目にすることが困難であるとは言え、しかし当時の人々にとっては、その存在がありありと意識されたのではないだろうか。オイディプスもまた、アポ

図3　眼前に見渡されるパルナッソスの山々

ロンの神殿で行われていた神託を強烈に意識されつつ暮らしていたと思われる。

この地理的構造が、彼の心の内奥に深く刻まれ、決定的な影響を及ぼしたと筆者は考えている。その一方で、彼の身体に直接刻み込まれた証は、乳児期に付けられたものであり、そこからは出自にまつわる秘密が暗示されている。この様に、彼が育った風土の地理的構造と自身の身体的特徴が、自身の自己を究明する求道者としての道を歩ませたのであると見ることとできる。

ソポクレスの物語では、自身の出生に疑問を抱いたオイディプスは、自らの運命と対峙するために、デルポイのアポロン神殿へと向う。コリントスからデルポイに至までの垂直方向への空間的な移動は、オイディプス自身の意識層の移動も伴っていたであろう。つまり、物理的な垂直方向への移動は、意識層での上下動も生起したはずである。実際にギリシャの風土の中に身を置くと、その風土が人間の精神に与える影響を考慮する上で、土地の地理的構造を立体的に把握することが必要であると直感的に把握される。

ここでその生涯を時空間の軸に沿って振り返る（図４）と、オイディプスはテバイの街に産まれたが、出生後すぐに父親であるライオス王によってキタイロンの山中に棄てられることになる。それを

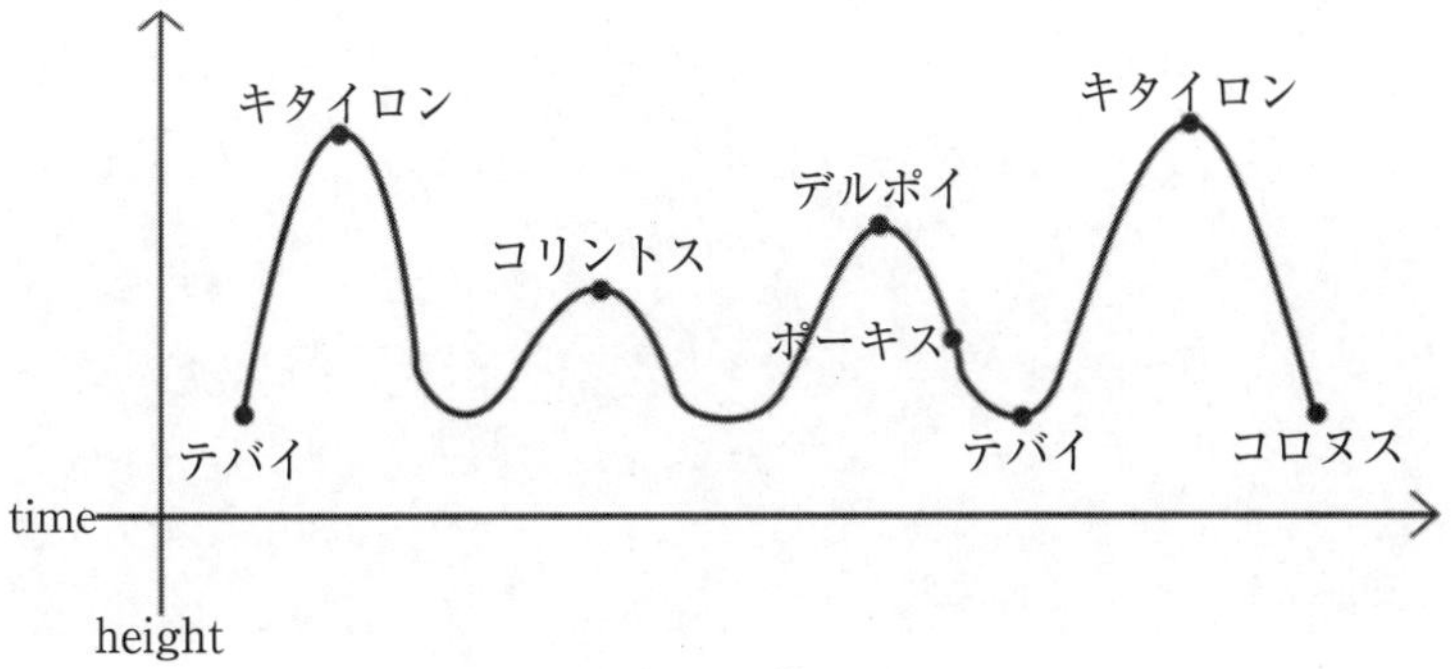

図４　オイディプスの移動空間

不憫に感じた配下の者が、赤児を羊飼いに託し、彼はそこで再び命を宿すことになる。キタイロンを経てコリントスへと渡った彼は、そこでコリントス王の息子として青年期まで育つ。そこで一つの転機が訪れ、自己の出生にまつわる疑惑に直面することになる。そこで彼は自己の出生の秘密を解き明かし、その己事を究明すべく、デルポイの神殿へと向かうのである。その際にまず、コリントス山上の城より外的世界へと下ることに伴う、意識の下降をまずオイディプスは体験することになる。つまり、彼はデルポイへの旅を続け、物理的な空間移動を行い、自らの出生に対する疑問や不安を反芻しながら、自身の内奥へと進んだのである。コリントスを下り大地を歩いた後、パルナッソス山への登坂という上昇方向への移動に伴って、意識レベルも上昇して行き、天空に住まう神の方へと向かう。そしてついに彼は、パルナッソス山脈の中腹

図5　ガイアの神殿

に在るデルポイに到着した後、ポイボス・アポロンの神殿にて、神から神託を受けることになる。そこでは、彼の大地から天空へと向かう信仰の方向と天空から大地へと向かう神の意識が重なり、その場所において彼は超越神と出会うのである。それ故、アポロンの神殿での祈りの形とは、神―巫女―オイディプスの三者との垂直的な祈りであると見ることが出来る。そこには、アポロンの巫女が神と人間との結実点となり、神から授かった神の真意を口頭でオイディプスへと伝えるという構造が見出される。

ところで、このデルポイの信仰の中心は、太陽神ポイボス・アポロンであるが、それより古い時に建立されたのは、ガイアの神殿（図5）である。このガイア信仰の跡は、デルポイに神殿が建立される以前に、この場所が聖域と定められたことを示す一つの証左と言える。なぜなら、デルポイの風土そのものの内

図6　デルポイの土地が有する神聖なる風土

に「聖なるもの」が備わっていたからである。つまり、背景にパルナッソスの山、その背後にはキタイロン山系を臨み、山脈から流れ出る生命の水が湧くというデルポイの土地が有する神聖なる風土（図6）に、原始の人々が聖なるものを感じていたのである。その土地が神聖さを有していたからこそ、そこに人間が集い、その土地に、荘厳な神殿群、各国国王、有力者達からの贈与品で埋め尽くされた柱廊、更には演劇場までもが、人間の手によって建立されたのである。今となっては、元々の素朴な信仰の形を把握することが困難になってはいるが、デルポイの古層には、間違いなくその土地の風土が有する神聖な潜在力が備わっているのである。この遺跡以外にも現代ギリシャにおいては、幸か不幸か古代遺跡が野晒しのまま保存されている。確かに、土地の有する神聖さは、人間の祈りや信仰によってはっきりと把捉することができるものであり、ギリシャ聖教が国民の宗教となった今、かつてのオリンポスの神々への信仰は廃れ果てている。しかしかつての信仰が廃れ、その拠点となった遺跡が放置されているが故に返って、古代ギリシャ人が体感していた、風土論的世界観を想像しやすいのである。

ましてや当時は、その神の意志を受託するアポロンの神殿内には、黄金のアポロン像と世界の中心を示す、世界の臍の石像「オンパロス」(Ομφαλός)（図7）が安置されて居たとされる。[14] 神話の中では、全知全能の神ゼウスが、二頭の鷲を東西それぞれの方向に放ち、再び出会った場所とされている。つまり、当時の世界観から見れば、デルポイは神の神託を授かる聖域であり、かつ、地理的中心地であったことを考え合わせれば、この地点こそ文字通り、当時の世界の臍であり、世界の中心であった。また、当時の世界観では、世界の中心が存在すれば、当然世界の果ても存在すると考えられており、世界の臍から同心円状に外縁に向かって広がる世界の延長線上には、世界の果てと言うべき限りがあるものとされていた。この世界観を端的に示せば、世界の臍を中心点として、内向きに閉じられた一円としてみることができる。キリスト教的世界観とも異なり、本来無限なる天界のイメージも、この地球の臍の一点に収斂されて行くように感じていたのではないだろうか。それだけに、デルポイの神殿で授けられるご神託こそ、神の意志であり、絶対的な力を持っていた。自身の運命が神により定められており、その運命と対峙し、それに抗いながらも抗い切れない運命を自覚することこそ、自らが自らの主体となって生きる唯一の道であることを意味していた。従って、デルポイの神託を受けることは、此岸と天界との交流地点であるアポロン神殿において祈ることにより、自己の意識と世界の意識を重ね合わせ、神の意志を聴くことであり、また神託により明らかにされた神の意志を生きることに

図7　世界の中心を示す、世界の臍の石像「オンパロス」

繋がるものである。

最後に、オイディプスの物語の伏線とも言えるテバイの街に纏わる神話について、ギリシアの歴史編纂家であるアポロドーロスの『ギリシア神話（Biliotheke）[15]』を底本として、オイディプス神話以前の系譜を辿ることにする。

オイディプス生誕の地として知られるテバイの街の祖とされるのは、フェニキア王アゲノルの息子カドモスである。彼には、エウロペと呼ばれる姉が居たが、その彼女に最高神であるゼウスが恋をして、牡牛に身を変じ、クレタ島に連れ去ってしまう。アゲルはエウロペ探索を息子達に命じ、カドモスは、彼女の消息を尋ねるためにデルポイに赴く。神託はしかし、「エウロペについて色々と気に病むのは止めて、牡牛を道案内とし、牡牛が疲れて倒れた地に一市を建設せよ」と告げた。そこでカドモスは、神託に従って、牡牛を追い、ある所で横になった。そして、その牡牛を女神アテナに捧げようと従者を軍神アレスの泉へ遣わせた。その泉には、アレスの子であると言われる竜が護っていて、派遣された者の大多数を殺した。これに怒ったカドモスは、竜を殺し、アテナの勧めにより、その歯を大地に播いた。歯が撒かれると武装した男達が現れた。それを見たカドモスが石を投げつけると、互いに殺し合いを始め、五人だけが生き残った。カドモスはこの償いにアレスに「無限の一年」仕えた。その後、アテナは彼に王国を与え、ゼウスはアプロディテとアレスの娘ハルモニアを妻として与えた。二人の間にアガウエが生まれ、その娘セメレをゼウスが愛した。二人の関係に嫉妬したゼウスの妻であるヘラは、セメレを欺き、ゼウスに対する猜疑心を抱かせる。その疑心よりセメレは、ゼウスに自分の前で正体を見せるように迫る。仕方なくゼウスがセメレの前で本来の雷神の姿を現すと、人間の娘であるセメレはその雷に焼かれ死んでしまう。ゼウスは焼け死んだセメレの遺体より胎児を取り上げ、嫉妬に燃えるヘラの目を避ける為に、自分の太腿の中に縫い込む。それから半年後、ゼウスは縫目を解いてディオニソスを産んだ。それ故、ディオニソスとテバイの街との間には浅からぬ因縁がある。にも関わらず、テバイの祖神ディオニソスと王家血筋の者達との鬩ぎ合いが、有名なギリシャ悲劇の陰影を創り出すのである。

古典文献学者の経歴を持つ哲学者ニーチェは、『悲劇の誕生』[16]において、古代ギリシャ文化の古層を「アポロン的なるもの」とその対立物たる「ディオニソス的なるもの」という世界観を鮮やかな対比をもって浮き彫りにする。ニーチェはその著作の中で、ギリシャ的「明朗性」を「アポロン的なるもの」、そしてその背後には、ギリシャ人特有の悲観主義が「ディオニソス的なるもの」として生存の根底に横たわっていることを明らかにしている。「アポロン的なるもの」に代表されるのが、ギリシャ彫刻に象徴されるものが、徹底した自己に対する写実主義であり、現実主義であるのは、人間に対する楽観主義と明朗性である。その一方で、「ディオニソス的なるもの」が大いに表現されるのが、ギリシャ神話で語られる「オイディプス王」に代表されるギリシャ悲劇である。そして、「アポロン的」と「ディオニソス的」という対比は、「オイディプス王」の物語においては、「デルポイにおける神託」と「テバイにおけるカドモス王家にかけられた呪詛」という形で現出されている。

4、「オイディプス王」に見られる運命の享受

この物語を精神分析的に読み解くとすれば、一つには、どのような過酷な運命を背負っているにせ

よ、その生を主体的に完遂し、神の御言葉である預言が成就するまで、フロイトの言葉で言えば、徹底したワークスルーが求められると見ることが出来るだろう。フロイト自身は宗教的儀式と精神分析を直接結びつけることは、慎重に避けたが、この様にオイディプスが、自身の運命を見定めようと始めた旅は、精神分析の視点から見れば、無意識を探求し、自我を確立するための旅と言える。

オイディプスの神話が我々に示すことは、世界の中心となる聖域で、聖なる存在との一致点を見出し、神と一体化し、神の意志に従うこと、例え、その神の意志がどんなに不条理なものであっても、人間はその意志に従って生きるしかないという一種の運命論である。但し、この立場は、運命が存在するという存在論的立場であり、また、原因があり、結果が生じるとする因果論の立場でもある。この因果論の立場は、日本的仏教における縁起の立場にも通じる。

このように「オイディプス王」の物語は強力な因果論によって展開されているが、因果論的仏教の世界観と根本的に異なるのは、前者では、無意識層まで含んだ実体と主体性に関わる問題が問われるのに対し、仏教においては、無の意識、非実体性の意識が問われる所にある。そして両者の立場は、運命をどのように享受するのかという点において決定的に異なるのである。前者の立場では、神が授ける運命を絶対的で避け難いものであるとして、決定論的立場へと志向して行くのに対して、一方の後者の立場では、その因果を超えて、そこから抜け出すことが強調されて行くのである。

オイディプスは、神託が成就したことを知ったとき、妻であり、母でありながら、その真実に気付いていたイオカステに対して、荒れ狂う怒りを見せた。しかし、オイディプスが真実を知るより一足早く、イオカステは自殺を遂げる。それを知ったオイディプスがイオカステのブローチによって、自ら両目の機能を失ったのである。この事態は、フロイトの解釈によれば、父親殺しの原罪より生じる去勢恐怖の象徴的な意味とされる。一方、自らの死をもって自らの恥と罪に贖おうとしたイオカステに対して、オイディプスは、「わしの汚れはこの身ひとりだけのもの、わし以外にはこの世の何びとも、この禍を堪えて担うことはできぬのだから」と述べて、自らを犠牲にして、禍を自身の身に引き受けたのである。[17] この事態を象徴的に読み解くとすれば、オイディプスは自ら盲目になることを主体的に選択して、見ることを止めるということを通して、主体性を放棄したことになる。

では、ここで見られるオイディプスの主体性の放棄は、何を意味するのだろうか。その意味を把捉する為には、まず古代ギリシャ的世界観を概観しなければならない。当時の世界観では、個人が個人の意思を生きることよりも、最も神の神威に従って生きたものが善き者とされていたのである。従って、この主体性の放棄が意味するのは、決して受動的なものではない。それは自己の主体性の放棄によって、逆説的に自己に課せられた複合的な因縁が織り込まれた運命を受け入れ、その運命を神の神威に従って自らに引き受けることを意味している。つまり、オイディプスの生き方、徹底的な受動性からは、かえって自己の能動性が引き出されるのである。この飛躍をニーチェは、「無限の聖化」(die unendliche Heiligung) と呼ぶ。オイディプスの運命に対する、「純粋に能動的な態度によって、彼の生を超えてはるか彼方にまで及ぶ最高の能動性を獲得するのだと」[18]。このように古代ギリシャ人の運命への徹底的な受忍が、転回され、翻って自己の能動性を見出す契機となるのである。

テバイの王だったオイディプスの出生の秘密が明らかになろうとした際に、真実を隠蔽しようとしたイオカステが自殺を計り、真実を詳らかにしたオイディプスが生きることを選ばずにはいられなかったことは、精神分析においても大きな意味がある。このようなオイディプスの物語に描かれた悲劇は、精神分析がその内に孕む一つの危険性を暗示しているのではないだろうか。つまり、精神分析の過程が進展するに従って、次第にそれまではその存在が認められなかった自己の欲求や願望が明らかになるのだが、その認められない存在が何かということが明らかになったときに、オイディプスのように神託を受け自らの運命を明らかにして生きて行く生き方と、イオカステのように秘密を知りながらもそれを隠して生きようとする生き方のどちらを選ぶかということである。オイディプスのように、徹底した生き方を貫くことが困難な場合に、イオカステのように自己の放棄をもって、その存在自身の隠蔽を計ることもあるからだ。

精神分析の過程においては、イオカステのように自己の真実を何とか隠蔽しようとする無意識の抵抗の岩盤が幾重にも折り重なっているように感じられる。その岩盤を突破する為に、オイディプスのような受動性に徹することによって、「無限の聖化」と呼ばれる「最高の能動性を獲得」できるのかどうかが問われるのである。

5、老オイディプスの欲望と死

オイディプス王のその後については、様々な説があるが、ソポクレスの『コロノスのオイディプス』[19]によると以下のように語られている。盲目になったオイディプスは、しばらくの間テバイで幽閉された後、追放処分となり各地を流浪する。長い旅路の果てに、終焉の地であるアテナイ北西郊外コロノスのエウメニデスの神域の森に辿り着く。その地で娘イスメネより「死んでも、生きていても、かの地の住民たちは、幸せのために、汝《なんじ》を求めるであろう」という神託がもたらされる。オイディプスは過去を次のように述懐する。「おれがそうせずば、おれが殺害した者たちは、おれを殺したことであろう。おれは掟の前では潔白だ、知らずしてこの仕儀に陥ったのだ」と。

やがて神託によりオイディプスを一方的に迎えに来たポリュネイケス、エテオクレスの二人の息子に対し、怒りのあまり互いに殺し合うように呪いをかける。二人の息子に呪いをかけた後、オイディプスは二人の娘と共にこの世を去るべき所へ赴く。その場所でアンティゴネとイスメネの二人の娘に別れを告げ、オイディプスは死者の国、大地の底根へと旅立った。その後、呪いをかけられた老オイディプスの二人の息子達は、激しい闘いの末、お互いを殺すことになるというのが、オイディプス神話の結末である。

ところが、フロイトによるエディプス複合では、この結末は強調されず、もっぱら母と父親を巡る息子の葛藤の物語として語られるようになった。しかし、筆者にはフロイトが強調しなかった、あるいは目を背けた部分にこそ着目してみたい。

この神話を理解するためには、まずギリシャ語における呪いと祈りの意味ついて整理しておく必要がある。古代ギリシャ語では、呪いと祈りとは、どちらも神に向かう行為であり、神への願いという意味では同一である。神へ向かう祈りのテーマは、神話の中で繰り返し強調される。それは神と人との応答の一つの形である。人は罪を犯し、その罪と汚れは、神による浄化と許しによって贖われる。この世の苦難は、神威であるからこそ、耐えて生きなければならない。しかし、死もまた人間に運命づけられたものであり、避けられないものであるが故に、オイディプスのように苦を生きる者にとっては一つの救いとさえなる。

ところで、古代ギリシャ語で運命を意味する「モイラ」という言葉には、「生命」や「死」が含意されていた。つまり、運命は全て「割り当てられたもの」であり、神々でさえも容易に因果の鎖を断ち切ることは出来なかったのである。一方、フロイトの説では、モイラ神話の創造は、人間も自然の一部であり、そうである以上死の普遍の法則に隷属していることを警鐘として洞察された結果であるとされる。なぜなら、自然の秩序の回復と均衡作用に抗うことは出来ないが故に、自然の法則からすれば、生まれたことと死ぬことは一対であり、その死に抗おうとして創られた神話は、死を超越するために人の欲望により語られたものだからとフロイトは言うのである[20]。

オイディプスにとって、息子の死は自己の未来の死であり、祖国を捨てることは、自己の過去の遺棄であり、それは自己の未来の死と過去の死を含んだ、自身の死の象徴とみなすことが出来よう。従ってここで強調されているエディプス葛藤とは、現在から過去と未来を断ち切り、無へと向かうような死の欲動とみなすことができるではないだろうか。

実際に神話の中では、オイディプスが自身の子孫を残し、遺伝子を次代に繋いで行くという自然の法則に抗った。その結果、彼と彼の血族とにかけられた呪いが成就するのだが、それと同時にオイディプスと自然を超越した神との和解が成立し、彼は大地の裂け目に呑み込まれることで、超越神＝自然と一体化する。これこそが後期のフロイトが主張した、「死の欲動」のオイディプス神話における形なのである。

オイディプスは、二人の息子であるポリュネイケスとエテオクレスを戦わせ、互いを殺害させる。その一方で、オイディプスのアンティゴネとイスメネに対する生の欲動（エロス）は、この世を去る直前まで発揮される。彼は、自ら盲目になりテバイを追放され流浪の旅に出ることで、娘であるアンティゴネを取り込み、言わば娘を自己身体化しているのである。このことから、アンティゴネとイスメネに対しても、二人の息子同様に、彼によってその子供の殺害が象徴的に遂行されているように見える。
実は、ライオスに続くオイディプスによる子殺しというのが、エディプス神話に込められた自己超越のためのテーマなのであろう。破壊的な闇を抱えた老オイディプスの欲望は、象徴的な子殺しを遂行し、自身の死を持ってその欲望を地下の冥府へと埋葬する。老オイディプスが最後に望んだ欲望の喪失こそ、大地の中へ降りていく自己超越という死の形ではないだろうか。長い論考の最後にニーチェの『悲劇の誕生』からの一節を引用してみたい。

ギリシアの舞台に現れるもっとも苦悩に満ちた人物たる不幸なオイディプス王は、その叡智にもかかわらず過誤と悲運に宿命づけられているが、遂にその絶対的な苦悩によって、その死後においてもなお効顕を失わぬ、魔法的な、祝福豊かな力を自己の周囲に振るう高貴な人間としてソフォクレスに理解された。この高貴な人間は罪を犯さない、このことをこの深淵な詩人はわれわれに言わんとするのである。(21)

ニーチェの解釈によると、絶対的な苦悩を抱えたオイディプス王は、その苦悩の深さ故に、「高貴な人間」としてソポクレスに愛され、その著作を通して、現在まで語り継がれるのである。その一方でニーチェはまた、オイディプス王に象徴される人類の有限な叡智について以下のように戒めるのである。

叡智は、なかんずくオイディプス的な叡智こそ自然に悖《もと》る暴虐であり、その智によって自然を破滅の深淵に突き落とす者は、またその身に自然の解体を経験しなければならないと。「叡智の切っ先はひるがえって賢者に向かう。叡智は自然にたいする犯罪である」、このような恐ろしい言葉を神話をわれわれに語りかけるのである[22]。

自身の欲望の浄化の為に、子殺しを果たした老オイディプスの最後、このように考えると人間の抱える底深い闇の深淵を覗くことになる。しかしそれと同時に、物語の最後に老オイディプスが神々との和解を果たし、王家にかけられた呪い＝祈りが成就することに、一筋の希望を感じなければならないのである。つまり、父の殺害者であり、母の夫であり、同時にスフィンクスの謎を究明したオイディプスは、自然の摂理への反抗者だった。自然への反抗者であったオイディプスは、息子二人の子殺しを果たすことで、超自然的な存在へと至る。その結果、苦悩の極限に至った老オイディプスは、娘アンティゴネの祈りによってこそ、神から許され、救済されるのである。

6、祈りと心理療法

沖縄体験とギリシャ体験によって得られた心理臨床の知を、祈りと心理療法という視点で、筆者なりに考察してみたい。その為にはまず、「心理療法」という言葉について検討することから始めてみることにする。この言葉の原義は、古代ギリシャ語で「魂」を意味するプシケ（ψυχή）と「治療」を意味するテラペイア（θεραπεία）が混合されたものである。そこには、「人の世話をする」といった意味の他に、「神に仕える」、「神の為に働く」という意味が含意される。古代ギリシャ時代にあっては、神託が神から授けられる際、神に仕え、神の為に働いていた巫女の姿と重なるものである。それ故に、「心理療法家」という言葉の原義は、「神に仕える者」、「神の為に働く者」であると言える。このことから、祈りという行為と心理療法で心理療法家が果たす役割は、その源流をたどれば、本質的には一なるものであると言うことが出来る。

一例を挙げれば、古代ギリシャの医師ヒポクラテスの祖先と言われる医神アスクレピオスに心理療法の原点が見出される。私が調査研究で訪れた、古代ギリシャの都市エピダウロスは、医神アスクレピオスの一大信仰地であった。そこには、病の治癒を求めて各地から多くの人が訪れたとされるが、その地には、宿泊所や入浴施設ばかりではなく、闘技場、競技場や劇場まで備える大規模な治療施設があった。その中心の聖域で、人々は眠り、そして、夢を見た。その聖域では、夢を通して病の治癒が行われたのである。夢の中に神が顕現することで病が治癒する。神の顕現が病の治癒であり、病の治癒が神の顕現であったとされる。その聖域で、人々は祈りながら神の顕現を待っていた。人々は夢を通して祈りを捧げ、神威が現れるのを待ったのである。

神話学者カール・ケレーニィは、アスクレピオス像の内に、「虚空をあおぐ表情の中には無限の苦悩」を認め、その苦悩は、医神が運命的に背負わされた悲劇に止まらず、「人類の苦悩を天界の神々の元へ届けようとする祈りの表情にも見える」と示した。ケレーニィは、「治癒とは、自己の持つ力のみによって、達せられるのではない」と言う。「神の神威が自己の内において働く時、治癒の時は訪れるのである」。エピダウルスでは、治療者は「神の仲介者」であった。そこを訪れる患者は、神の顕現を待つ。やがて、「夢の中に神の姿が顕現される時、自身の病も癒されるのである(23)」。

もう一つの例を挙げれば、デルポイのアポロン神殿で行われた巫女による神託があるであろう。アポロン神殿においても、神の代弁者であるシュビラは神託が訪れるのをトランス状態の中で待った。神託は神憑りの巫女より謎めいた詩の形式で口伝されたのである。

一方、沖縄での巫女の役割は、琉球王国より任命された公称の神官である「神人《かみんちゅ》」と民間の霊能力者であるユタが担って来た。神人とユタが神からの神託を民衆に口伝することを中心に社会体制が築かれたのである。当時は、王女が最高位の神官である「聞得大君《きこえおおきみ》」となり、国を治め、地方では神託を口伝する神人が配置され、政教一致の政治体制であった。(24) このことから、琉球王国での巫女の存在は、古代ギリシャの巫女と比較しても、民衆に及ぶ支配力の大きさが伺えるものである。また、琉球古語では、神託のことを「ミセセル」と言い、「語源については、神のささやき、つぶやきの意の「宣《せ》る」を原意とし、その畳語表現で「宣宣《せせ》る」になり、接頭敬語がついて「御宣宣《みせせ》る」となったと言われている」との説がある。(25) この事から、巫女の役割は、神の言葉を人の言葉に翻訳して人々に伝えることであり、心理療法において考えると、その役割は、心理療法家が言葉を受け取って、解釈として口伝することである。

次に、神事の中での祈りについて考察してみる。柳田は著書『日本の祭』において、日本古来のマツリを「籠る」と定義し、その本質は、「酒食をもって神を御もてなし申す間、一同がお前に侍座《じざ》すること」(26) と述べている。更に柳田は、「マツリの動詞形のマツは、根本は尊敬せられる者との対坐面会、後世の語でいえば拝謁《はいえつ》などと近い語であったかと思う」(27) と言い、ここから「待つ」の意味が生じてくるとする。従って、祭の中で祈りを捧げることは、聖なるものとの邂逅であり、それは「待つ」ことと深い連環があると解することができる。すなわち、祭の際の祈りの内には、待つという行為が含まれ、これは神の御前において行われる。加えて、待つことは、心理療法が行われる空間内においても根本的な様態として重要であり、心理療法家が祈りを捧げながら相手を信じて待つことが、心理療法家にとっての治療的態度である。この待つことの重要性は、先に挙げたテラペイアと神託との関係においても通じる所である。

第一節でも述べたように、私が見て来た沖縄の祭の有する祝祭性は、「原父殺し」の罪責感を昇華するところにあるのではなく、むしろ神との供食である「直会《なおらい》」を通して行われる世代間、地域内での交流、聖なるものや死者の魂との循環を願う人々の素朴な信仰が結実したものであると捉えることができる。これは、加藤清先生がその著書である、『霊性の時代』(28)で「お通し」の文化として沖縄文化を総括していることに近いものである。「お通し文化」を成り立たせているものは、御嶽が有する「中空構造」である。先述した柳田をはじめこれまで多くの研究者が指摘しているように、御嶽とは、沖縄地方各地に広がる聖域の名称で、その原形は、森の中の開けた空間そのものであり、その構成要素は、イビ（霊石）と呼ばれる石、あるいは香炉(29)と、それを取り囲むクヴァの木のみである。

この聖域を初めて訪れる者は、その場所において真に何も無いことを感得すると同時に、空間そのものが異界との通路となり、この世界全体が在ることを自覚することができる場所と言える。御嶽での祈りが異界へ向かって行われるが故に、返って此岸としてのこの世界そのものの存在を体感することができる。この後の議論を先取的に言えば、御嶽における祈りの行為は、死者でありつつも我々を見守っているご先祖、即ち民俗学者の柳田國男が言う「祖霊」と、此岸に生きる生者とを結ぶものである。

これまでの視点を要約すると、第一に、その源流を遡れば、祈りと心理臨床とは、御前に侍座して治癒が訪れるのを待つという行為において、本質的に一つである。第二に、祈りという行為が異界へ向かって行われるのは、此岸の世界とその世界に生きる我々の生を実感することに連環するためである。最後に、祈りの内には、死者である「祖霊」として我々の側に居るものと、今を生きる我々自身と一つに結び付けることの三点が挙げられる。

この節の最後に、祈りと心理療法について一言にて要約すれば、心理療法家とは、目の前に居る人のことを思って祈りを捧げつつ、その存在の内なる聲を聴き、治癒が訪れるのを待つ存在である。それ故に、心理療法における祈りとは、目の前に居る人と対面しつつ、その思いが結ばれるのを信じて待つ行為であると言えるのである。祈りが結ばれるには、その思いが祈る者と祈りを聴く者の双方から発せられなければならない。なぜなら、祈りの力は、両者の関係性において発揮されるからである。こうして祈りの声は、関係性の内を超え包んで行くものになるのである。

7、パタントロポス（πάθανρωπος）としての「患人《わずらいびと》」

ここで改めて、祈る人、祈りを聴く人その総称について、心理療法の立場で再考してみたい。心理臨床の元へ来談される人は、これまで「患者」と「クライエント」などと呼ばれて来た。前者の「患者」の原義は「病む人」であり、この言葉に相当する英語の patient の形容詞形は、「忍耐強い、我慢強い、勤勉な」という意味である。その英語の語源をたどれば、ギリシャ語で「なされる・被る」という受動を示す動詞 πάσχειν（パスケイン）に行き着き、そこからオイディプスの被ったような受難や受苦が付与されるようになった。語幹を共有する名詞は、πάθος（パトス）で、「なされたこと・被ること」という受動の意味から転じて、「ある事態から生じた感情」、「事態に耐え苦しむこと・受苦」

の意が生まれた。また、この同根語から派生したラテン語の patior（パティオル）とは、「苦しむ」という言葉で、名詞 patiens（パティエンス）は、pati（苦しむ）＋ent（人・者）であり、日本語で「耐え苦しんでいる者」の意である。ギリシャ語の「パトス（πάθος）」とやまと言葉の「かなし」とは、元々はどちらも人間の情緒の原点を示す表現であり、〈切なる感情の充溢〉という点で共通していたが、その後古代ギリシャでは、次第に運命の受苦、そこから生じる苦悩が人間存在の主題となった。一方日本では、悲しみ（哀しみ）という意味が人間存在の本質として強調されるようになったと筆者は考えている。後者の client（クライエント）の原義は、ギリシャ語の πελάτης（ペラティス）に由来し、同根のラテン語は cliens（クリエンス）であり、その意味は、「従属する人、家来」である。[29]

日本の医療現場では、医療にかかる病人のことを「患者」と呼称して来たが、近年、「患者」という漢語の語感の有する冷淡な印象を打ち消す為に、尊称の「様」を付け、「患者様」とする呼び名が流布している。しかし、その「患者様」という言葉の中には、過剰なまでの配慮が含まれており、そこからは返って慇懃な印象を与える恐れがある。

では、来談者をどのような名称で呼ぶのが適切なのであろうか。筆者は、やまと言葉で「病む人」を意味する「患人《わずらいびと》」（πάθος‐άνθρωπος）という名称を用いて、更にそこから進んで、その裏面に含んだ意味を「病を抱える力を有した者」と解釈する方が妥当であると考える。[31] なぜなら、筆者の臨床経験から見ても、「患者」を単に「病む人」と捉えるのではなく、自身に課せられた過酷な運命を求道的に歩む者として、受動性に徹せられた能動性として捉えた方が適切であると感じるからである。

ここで受動的と言うのは、運命を自分に課せられた偶然として捉える在り方である。自らの運命が自らの運命であるのは、単なる偶然性の問題であり、私の人生は私の人生ではなく、貴方の人生であり得たかも知れないと捉える見方である。他方、運命を「宿命」、あるいは「行」を「行じる」べく、自己に課せられた「業」として捉える在り方がある。ここでは、自己に生じる根本的な現象を積極的に引き受け、運命の結合体である宿命を偶然かつ必然として自己の身に引き受けながら生きる生き方のことである。人間は、自身に降り掛かる運命が過酷なものであればあるほど、運命が偶然か、必然なのかの間で揺れ動く。しかし実際は、二者択一の決定論ではなく、運命とは偶然的なものであり、必然的なものであるのではないだろうか。

このように人間を把捉する視点として、複合的な決定論に動かされながらも、自己の人生を生きるように生かされている者、自己の上に生じる様々な運命を担い、患いながらも、その自己の運命を生きる者として捉えることが、人間を本質的に理解する上で、必要なのではないだろうか。そして、この「患人」という言葉にその意味が含意されていると把捉することは、可能ではないかと考える。以上のような理由により本論文では、心理療法に来談する者を「患人」とし、そこに πάθανϱωπος（πάθος– ἄνθϱωπος）という造語をもってその意味を強調したい。

8、治療空間における祈りと祈り手としてのセラピスト

心理療法では、パタントロポス（πάθανϱωπος）としての患人からの歎きの声、自らの運命に対する慟哭、悲しみの底からの言葉をセラピストは治療空間の内で聴く。例えば、洪水や津波によって、自らの家や家族をも流され、一遍した情景の中で生きる宿命を担った者の聲を聴く。その際には、治療空間を包んでいるはずの外的世界までもが傷付き、支えを失っているようにセラピストは感じる。

それでも彼らが話す言葉に耳を傾けるのだが、その彷徨する思いに一致する言葉が見つからず、あまりに不条理な事態に、セラピスト自身が無力感に苛まれてしまう。時にはその無力感をも通り越して、もはや「今この時を生きていること」に畏敬の念を感じるより他に、何も言葉が見つからなくなる。その患人が「生きる生の営み」そのものに沿うことが、心理臨床の過程であると言うこともできるのだが、その時に患人から発せられる、その声や言葉は一体誰に対してのものなのであろうか。あるいは、誰に向かって投げかけられたものであろうかという問いが、セラピスト自身の内から立ち現れて来ることがある。もちろん、それは目の前にいるセラピストに向かって発せられてはいるが、しかし、その言葉が向かうのは、セラピストのみではないという感覚が、沖縄研究を経る中で次第に筆者の心の内で強くなっていった。そしてその問いは、疑問の内から次なる問いを打ち立てることになった。その問いとは、その歎きの聲が生じる場所とは一体いかなる場所であろうかというものである。その聲は、確かに患人の内的精神の場から発せられてはいるが、その問いが発せられている場所とは、どのような場所で、どのような場所と通じているものなのであろうか。その問いへの回答が、心理臨床の営みを続ける上での結実点となるのではないだろうかと筆者は考えている。

この問いに自ら応答する前に、再度祈りについて論を深めておきたい。やまと言葉の「いのり」は、「いのち」、「いき」と同根の「い」と「宣べる」という意味が組み合わさり成立している。つまり「いのり」の「い」とは、聖なるものより「いき」を吹き込まれ、宿された生命という意味があり、いのちの根源を表す言葉である。一方、「のり」とは、神への願い口を祝詞として「宣べる」という意味がある。従って、「いのり」の語源を辿ると、聖なるものから宿された「いのち」の姿がはっきりと「いのる」という行為の内に込められていることが確認される。ではその「いのち」とはどのようなものであろうか。

宗教哲学者の上田閑照は、「人間として生きる」ことを「生命―生―いのち」の三者連関の統合をその基礎構造として深く捉え直し、生きることをどのように自覚するかで各諸相が現出するとしている。そこから論を進め、人間のいのちには、生物一般に通じる「生命」、生活や人生としての人間的生としての「生」、ものの「いのち」、あるいはほとけの「いのち」とも言い得る根源的な「いのち」の動的連関があるとしている。「生命―生―いのち」の三者は、円環をなして再統合され、人間の「生きること」の動的な基盤を形成する。つまり、人間のいのちには、「生物一般の生命」や「人間的生」に留まらず、「いのち」の源へとつながる「根源的な「いのち」」が内包されている。一方、「いのち」が生きる場所の立場から見れば、「生命は環境（die Umwelt）に「於てあり」、生は世界（die Welt）に「於てあり」、いのちは「限りない開け」(die unendliche Offenheit) に「於てある」」とされる。つまり、「いのち」は、「環境／世界／限りない開け」に於てあり、同時に、世界が「於てある」限りなき開けに「於てある」という「二重世界内存在」として存在しているのである[32]。

「いのり」の内には、このような「いのち」の円環運動があり、かつそのいのちを包む「世界」に向かう呼びかけが含まれる。従って、「いのり」とは、根源的ないのちの動きを内に宿しつつ、自らの思いや願い祝詞として異界に住まう者へと届ける行為である。祈りを祈るこの世に生きる私と、祈りを通して取り結ばれる異界に住まう者との関係は、いのちの流れとそれを超えつつ包む世界を通して、私がこの世に産まれる以前から続いており、私の死後も続いて行く。

このようないのちの連鎖は無限の過去より未来に向かい続いているという感覚は、筆者が沖縄の大地の中で祈りを捧げた時、根源的ないのちに抱かれるという体験の中で、直感したものである。

その際には、個的生命の意識の流れが自己を超え出て、此岸から彼岸へ向かって伸張されるという自己知覚の空間的拡大を伴っていた。この事象について意識論の立場から見れば、祈りとは超越(Transzendenz)への方向性を含んだ行為であると言える。

ここでもう一つ忘れてはならないのは、治療空間を越え包んでいる世界そのもの存在である。患人とセラピストとの相互包摂的関係性を担保しているのは、面接室内に狭められ、人工的に切り取られた空間だけではない。加藤先生が言われたように、この世は面接空間をも「包越」(die umfassende Transzendenz)しているのである。[33] 確かに、洪水や津波によってさらわれた地域で被災された方達の聲を聴く時、その土地に在るセラピスト自身も傷付く。しかし、その土地自体が有する根源的な風土とそれを包超する世界までは喪われない。患人とこの世界とのほころびを結び直す役割、「祈り手」としての役割をセラピストは担っているのである。

ここで、先述した問いに立ち戻ることにしよう。この治療空間内で患人から発せられる聲は、どこに向かって発せられているのだろうか。そして、その聲が発せられる場所とは、どのような場所なのであろうか。それは、祈り手としてのセラピストの内にあるいのちに向かい、かついのちを包越する世界に向い、その聲は患人の内にあるいのちの坐から発せられると応答しよう。

【引用・脚注】

（1）白保御嶽の豊年祭についての詳細は以下の　山本昌輝、青木真理、共編著『心理療法の彼岸』、2012年、コスモス・

ライブラリー。を参照。
（2）崎原林子著「ニラーハラー（ニライカナイ）の旅人達」23−24頁、辻野達也著「オキナワ体験によるスピリチュアリティの開け」、121−123頁。
（3）林信弘『意識の人間学』、2007年、人文書院、97頁。
（4）林信弘『信じ愛すること』、2014年、晃洋書房、57頁。
（5）柳田國男「海上の道」、『柳田國男全集　第1巻』、1989年、筑摩書房。
（6）柳田國男「海南小記」、『柳田國男全集　第1巻』、1989年、筑摩書房。
（7）外間守善『沖縄の言葉と歴史』、2000年、中央公論新社、149頁。
（8）前掲書、148頁。
（9）柳田國男「涕泣史談」、『柳田國男』、2008年、筑摩書房、332−333頁。
（10）柳田國男「海南小記」、『柳田國男全集　第1巻』、1989年、筑摩書房、339頁。
（11）同上。
（12）伊波普猷「琉球人の祖先について」『古琉球』、2000年、岩波文庫、32頁。
（13）外間守善（校注）『おもろそうし　（上）』、2000年、岩波文庫。
（14）ソポクレス（藤沢令夫訳）『オイディプス王』1967年、岩波文庫。
（15）このオンパロスは、デルポイだけに留まらず地中海周辺の複数の遺跡から発掘されており、デルポイのみが世界の中心と見立てられていたわけではなかったとも推察されるが、オンパロスの発見は、地中海周辺部に集中しており、そこから古代ギリシャ人が世界の中心地をデルポイを含む地中海周辺部とみなしていたことが伺える。
（16）アポロドーロス（高津春繁訳）『ギリシア神話』、1953年、岩波文庫。
（17）ニーチェ（塩屋竹男訳）『悲劇の誕生　ニーチェ全集2』、1993年、ちくま学芸文庫。
（18）ソポクレス（藤沢令夫訳）『オイディプス王』、1967年、岩波文庫、124頁。
（19）ニーチェ（塩屋竹男訳）『悲劇の誕生　ニーチェ全集2』、1993年、ちくま学芸文庫、84頁。
（20）ソポクレス（松平千秋訳）「コロノスのオイディプス」、『ギリシア悲劇　Ⅱ』、1986年、ちくま学芸文庫。

(20) フロイト（須藤訓任訳）「小箱選びのモティーフ」、『フロイト全集12』、2009年、岩波書店、302頁。
(21) ニーチェ（塩屋竹男訳）『悲劇の誕生　ニーチェ全集2』、1993年、ちくま学芸文庫、83頁。
(22) 前掲書、『悲劇の誕生　ニーチェ全集2』、1993年、ちくま学芸文庫、85-86頁。
(23) ケレーニイ（岡田素之訳）『医神アスクレピオス』、2012年、白水社。
(24) 外間守善『沖縄の言葉と歴史』、2000年、中央公論新社。
(25) 伊波普猷「『混効験集』解題」、『古琉球』、2000年、岩波文庫、459頁。
(26) 外間守善『沖縄の言葉と歴史』、2000年、中央公論新社、300頁。
(27) 柳田國男「神社のこと」、『柳田國男全集　13』、1989年、ちくま文庫、630頁。
(28) 加藤清、鎌田東二『霊性の時代――これからの精神のかたち――』、2001年、春秋社。
(29) 民俗学者の柳田國男によれば、香蘆は沖縄地方の嫁入り道具の一つであった。新妻が嫁入りの際に、集落の神、もしくは祖先を香蘆と共に他家へ持ち込んだとされる。
(30) ワクテル（杉原保史訳）『心理療法家の言葉の技術』、金剛出版、2004年、11頁。
(31) やまと言葉の「わずらふ」とは、あれこれと思いを巡らせて心を痛むこと、病で苦しむことの意味である。
(32) 上田閑照「宗教とは何か」、『上田閑照集　第十一巻』、2002年、岩波書店。
(33) 山本昌輝「木景療法――その臨床的意味についての一考察――」『心理療法の彼岸』、2012年、コスモス・ライブラリー、259頁。

第5章　子育てと祈り

三宅理子

1.　はじめに

「祈る」とはどういうことだろうか。広辞苑第6版によると「祈る」の意味として、「①神や仏の名を呼び、幸いを請い願う。祈願する。②心から望む。希望する。」とある。「祈る」ことが幸せを心から希望することであるならば、心理臨床の現場において、常にセラピストはクライアントの祈りの場に同席しているということになるのではないだろうか。本稿では、筆者が子育て支援の現場でお会いしてきた母親たちの語りを中心に子育てのプロセスを追いながら、子育てにおける祈りについて考えていきたい。

2.　子育てのプロセス

・出産の瞬間からはじまる分離

まず、出産に始まる子育てのプロセスを振り返ってみたい。妊娠中は母子一体であるが、出産によって母親と子どもは別々に分かれる。出産は新しい命の誕生であると同時に、母子の分離の第一歩である。ウィニコットは「健康な場合妊娠した母親は幼児との間に高度の同一化を発展させていく。妊娠中に発展し、お産のときに最高潮に、数ケ月で漸次消失していく」と述べている。[1] 母と子は、出産までは同一化の過程を進み、出産後にその同一化は消失していくのである。

妊娠中は、母親が摂取した栄養がそのまま胎児の栄養になるが、出産後は母乳かミルクを与えて子どもを育てる。母乳の場合、自分のからだを通して直接栄養を与えるわけであるが、これも一歳半ぐらいで終わりを迎える。そして子どもは、自分自身で栄養を取り入れるようになる。

「母乳をあげているときが母親として一番幸せ」と母親が言うのをよく聞く。この母乳を与えるという行為は母親にとって特別なものなのだろう。自分のからだから直接栄養を与える行為は、分離した母と子がつながりを持ち続ける機会として貴重なのではないかと筆者は考えている。乳幼児の母親たちの話を聞いていると、どのようにして母乳を与えることをやめるかということにかなりのエネルギーを注いでいることが分かる。

ずいぶん前になるが筆者は、乳幼児の母親に対して不用意に「断乳はいつでしたか？」と尋ね、「うちは卒乳です」と睨まれたことがある。母乳やミルクのみで栄養を取ってきた乳児に少しずつ半固形食を与えていく過程を離乳とよび、親の方で時期を考えて離乳を進めることを断乳と呼んできた歴史があるが、最近は、離乳は乳児の様子をみながら自然に行うのが主流となっている。いつの頃からか、子ども自身が母乳を必要としなくなって進んだ離乳を卒乳と呼ぶようになり、親も子どもも納得の上で母乳をやめる卒乳を目指している母親たちは多い。

離乳というひとつの母子の別れをどのような形で実現させるかということが、その後の母子関係に大きな影響を与えると認識しているからこそ、母親たちはそこにエネルギーを注いでいるのだろう。

・子どもの自律性の獲得

栄養を自分で取り入れるということは子どもの自律性獲得の第一歩である。そしてその次のステップは排泄である。

育児相談の現場では、子どもの排泄の問題についての相談を受けることが少なくないが、母親たちの話を聞いていると、自律性を獲得しようとしている子どもを手放すことは意外に難しいことなのかもしれないと感じることがある。

ある母親は、子どもの便が硬く便秘気味であることを心配して、常に下剤を飲ませることにこだわっていた。下剤を飲ませるよりも食事の工夫をするようにとのアドバイスが医師からあったが、自分が作る食事を子どもが積極的に食べてくれないからと、下剤を飲ませ続けていた。

この母親の意識としては、「子どもの便秘を治すために必要な下剤を飲ませている」ということであったが、母親のこの行為によって、子どもの栄養の摂取も排泄も母親にコントロールされることになってしまっていた。子どもが自律性を獲得していくということは、成長の大きな証であり大変喜ばしいことではあるが、時期がきても子ども自身にそれを任せることが難しい母親も存在する。母親に、子どもが自分を必要としなくなり自分から離れていくことに対する寂しさや不安があることもあり、それによって子どもの自律性の獲得を無自覚に阻もうとしてしまう場合もある。

また、この時期に、母親が作った食事を子どもが積極的に食べようとするかどうかも、母子分離の在り方に影響を与える。子どもが積極的に食べると、子どもの栄養面で安心できる（子どもの栄養は足りている）だけでなく、母親として間接的に子どもをサポートしていく心の準備が整うようである。自分のからだからの直接の母乳ではないが、自分が作るものが子どもの栄養になることが母親としての自信につながるように感じられることが多い。先ほど例に挙げた母親の場合、自分が作る食事を子どもが積極的に食べてくれないということから、子どもの栄養摂取に間接的に関わっていく自信がもてず、下剤を与え強制的に排泄させるという直接的な関わりに固執してしまったと考えることもできるだろう。

母親である自分が作った食事をあまり食べようとしない子どもに対して、何時間もかけて泣かせながらでも食べさせると、「自分が子どもとの勝負に勝った気がした」と話す母親もいる。「もともとは栄養面での心配から少しでも食べてほしいと思っていたはずなのに、自分の言うことをきかせることが大事だと感じるようになっていった」とその母親は話してくれた。子どもが自分の作った食事を食べないと、母親としての自分を拒否されたように感じ、自分の存在意義までが揺らいでしまう母親がいる。無理やりにでも食べさせることによって、親としての務めが果たせたとほっとするのかもしれないが、結果的に子どもをコントロールすることになってしまうのである。

子どもが自分で栄養をとるようになるとき、母親の子どもへのサポートの仕方も変わる。母親に子どもを間接的にサポートしていける自信がなければ、子どもとの関わり方が変わっていくことに大きな不安を感じてしまうのだろう。

・現実的なケアから応援へ

自律性を獲得してからは、子どもは自分で自分のことができるようになり、親が身の回りの世話をする機会は減る。親が子どものために行う作業は、現実的で直接的な世話から心のエネルギーを使う間接的な応援へとシフトしていく。

世話以外においても、親が直接手を貸してやる機会は減る。ひとつの例として、子どもの友人関係を考えてみよう。幼い間は、子どもの友人関係は親同士の関係によるところが大きい。しかし、成長にともなって子どもは自分自身で友人を作るようになる。友人関係のトラブルが起きたときも、子どもが幼いうちは親が保育園や幼稚園の先生や友達の親へ直接連絡し、問題解決のためのサポートをしてやることも多いだろう。しかし、小学校高学年や中学生になってくると、子どもがそれを望まなくなってくる。そのようなとき、親がしてやれることは何だろうか。

子どもが自分でなんとかしたいという気持ちをもちながら親に相談してくる場合は、親子でどうすればよいかを話し合うことができる。学校の先生に相談してみるのはどうか、直接友達に電話をして事情を聞いてみるのはどうかなど、作戦会議をすることができる。動くのは子ども自身に任せ、その結果の報告を受けながら、親は黒子となって子どもを後ろでサポートしてやることになる。その場合、先生にうまく伝えられるだろうか、友達にきちんと話ができるだろうかという心配をしながら、親は悶々と子どもの報告を待つことになる。

しかしなかには、親に自分の友人関係について知らせたくない、相談したくないという子どももいる。思春期に入ると自分の世界をもち、親と話をしなくなる子どもも大勢いる。その場合親はいよいよ何もしてやれず、日頃の子どもの様子に目を配り、あれこれ心配しながら、心のなかで頑張れとエールを送ることしかできなくなる。

ある母親は、中学生の娘に対して「私が今してやれることは、家をできるだけ居心地のいい場にしてやることかなと。娘の好きな夕食を作って帰りを待ち、夜一緒に娘の好きなテレビを見て、一緒に笑うことかな」と話された。この母親は娘が人前で話すことがあまり得意ではないことを心配しており、娘が幼い間は積極的に担任の先生と連絡を取り合ったり、遊びに来た友達と娘の間に入って関係調整をしたりしていた。しかし、子どもの成長にともない自分の出番はなくなり、また自分が出ていくべきではないと考え、このように話されたのであった。「家を充電できる場として整えてやりたい」。それが裏方の母親として最大のサポートだと、サポートのやり方を変えていかれたのである。

3. 子育てと親の願い

・親の願いと子どもの成長イメージ

子どもに対して実際にしてやれることがなくなると、親は子どもの健やかなる成長と幸せを願い、子どもを応援し続けることしかできない。

子どもの成長や幸せを願うとき、そこには何かしらの子どもに対するイメージが存在することが多いように思う。子ども自身の特性や様子と、どんな大人になってほしいか、どのような幸せを掴んでほしいかなどの親の期待や希望とがあわさって、その子どもがどのように育っていくかというイメージが形成されていくのだろう。そしてそのイメージは、子どもの成長とともに変わっていくものでもあるだろう。

ある中学校の先生は、子どもが幼い頃は歩くことができるようになる、話をするのが上手になるなど、何かをできるようになることが成長の証として捉えられ、親も子育ての手応えを感じやすいが、中学生ともなると、からだは大きくなるが何かができるようになるという形での成長や発達は捉えにくく、それが思春期の子育てを難しくしているのではないかと話されていた。幼少期に比べて思春期は、はっきりとした成長イメージをもちにくいということである。これは、親だけでなく子どもたち自身にもいえることなのかもしれない。

また、発達障害の子どもの親たちからは、「子どもが大人になったときの姿をイメージしにくい」と聞くことが多い。発達障害児の親への支援においては、障害の特性やそれへの対処の仕方を伝えるという援助を行うことが多いが、それだけでなく、親とともに、今、目の前にいる子どもの姿を見ながら、子どもがどのように社会に出ていくのか、そのイメージを形作る手伝いをすることも親の面接における重要な作業であろう[2]。さらに、「発達障害を抱える子どもが自分自身のことをどう捉えているのかつかめない。だから、どのように働きかけてやったらいいのか分からない」と話す親たちも多い。子ども自身は自己イメージを形成していくという課題に取り組み、親は子どものそのプロセスを見守りながら、成長イメージを形作っていくことが課題となるのだろう。

自分の子どもが今どのような成長過程を歩んでいるのか理解しづらく、また、この先子どもがどのように成長していくのか捉えにくくなっている親たちに対して、私たち心理臨床家ができるサポートは、五年後や十年後という先を見据えて、子どもの成長した姿をともにイメージすることなのではないだろうか。それが、子育て支援に携わるものとして親の願いを支えることに繋がるのではないだろうか。

・親の成長イメージと現実のズレ

親が描いてきた子どもの成長イメージと実際の子どもの姿とがずれてきたときに、相談室を訪れる親も多い。子どもの発達に心配なところがあるという相談でも、子どもが学校に行きたがらないという相談でも、親は自分のイメージと現実とのズレに苦しんでいることが多いように思う。

子どもがさまざまな課題に取り組む姿を見守りながら、親が子どもの成長イメージを形作っていくとき、親が子どもの挫折を受け入れていくこともとても大きな仕事のひとつである。親が子どもの挫折を受け入れるということは、子どものありのままの姿を受け入れていくということであるが、これは案外難しいことでもある。

ここでひとつの事例を紹介したい。学校に行けないという主訴をもって来談した高校一年生のAさんは幼い頃からピアノとバレエを習っていた。ピアノもバレエも上達が早く、小学校の高学年からコンクールでも入賞するようになり、将来を期待されていた。しかし、中学二年生の頃からバレエの成績が伸びなくなってきた。どんなに練習を積んでもよい結果が残せなくなったため、高校一年生の終わりでバレエをやめることを決めた。その時、母親のBさんは「あなたにはピアノがあるからいいじゃない。大丈夫よ」とAさんに声をかけて励ました。

Bさんは、Aさんが挫折を体験するのが可愛そうだからそう声をかけたと話していた。しかし、筆者にはBさん自身がAさんの限界を受け入れ難いように感じられた。Aさんの挫折によってBさんが傷ついているように見えた。このようなときセラピストは、まず子どもの挫折による親の傷つきを扱う必要がある。そうしなければ、親が子どものありのままを受け入れるという次のステップへは進めなくなってしまう。また、子どもも自分の不十分さや限界を受け入れることができないままになるだろう。

その後Aさんはピアノもやめ学校にも行かなくなり、ずっと家で過ごすという生活になった。自分に自信をなくし、外との関わりを絶ったAさんに対して、BさんはAさんの家での生活を「内面を育てる時間」として見守り続け、Aさんは数年後に進学を果たした。

のちにBさんは、「あのころの自分は子どものありのままを受け入れられていなかったように思う」と語られた。Aさんの躓きにより、Bさんは自分の中のAさんの成長イメージとの別れを体験することになった。その喪失感はとても大きく、目の前のAさんをそのまま受け入れることを難しくさせていたのではないかと考えられる。

4.　子育てにおける喪失体験

・喪失体験としての母子分離過程

2.で子育てのプロセスを振り返り、出産を母子分離の第一歩と捉え、その後の離乳や子どもの自律性の獲得などは、母子が段階を経て別れていく作業ではないかと考察した。この母子分離の過程は、母親側からみると一種の喪失体験であると捉えることもできるだろう。ウィニコットは、適切な母親の条件として「子どもが独立していく必要にしたがって子どもとの同一化から離れることができる」ことを挙げており[3]、これを受けて橋本は、「いったん子どもとの一体感を築いた母親にとって、とくに分離不安の強い母親の場合、子どもとの分離は容易なものではない」、「今度は、一体化した子どもが自分から出ていく喪失に耐えなければならない」と述べている[4]。

さらに3.では、娘の挫折を見守っていた母親の方が傷ついているようにみえた事例を紹介し、その母親の傷つきは、自分の中の娘の成長イメージとの別れによる喪失感によるものではないかと考察を行った。Bさんでなくても、思ったとおりに子どもが育たないことを経験している母親たちは多く存在する。

子どもが親の手を借りずに生きていけるようになる子どもの成長は、親にとって大きな喜びであることに間違いはないが、子育てのプロセスは別れの連続であり、喪失体験の繰り返しであるともいえるだろう。

・他者としてのわが子

子どもが自分の思うとおりに育たなかったり、自分のなかの子どもの成長イメージと現実の姿との間にズレが生じたりしたときに、子どもは親の前にはっきりとした他者として現れ、そこから親は、他者としてのわが子を意識せざるを得なくなるのではないだろうか。

ある母親は、自閉症スペクトラム障害の特徴をもったわが子のものの感じ方を、「本当の意味で理解し共有してやることができない」と話され、別の母親は自閉傾向のあるわが子について「自分にとって楽しいことや嬉しいことが、子どもにとって楽しいこととは限らないと肝に銘じている。自分の価値観を押し付けないように気をつけている」と話された。自閉症スペクトラム障害の子どもの他者の認識や他者との関わり方は独特であり、親として理解してやれないと感じている親は少なくない。自分と子どもとの違いに気づくことをきっかけに、わが子の他者性を突き付けられる母親もいる。そんなとき母親たちは、精一杯想像力を働かせ、子どもの目に映る世界を想像しているという。そして、自分とは別の人間である子どもの価値観をできる限り尊重したいという。他者としての子どもと向き合うことが、自分の生き方を考える機会になっているともいえるだろう。

心理臨床の場面においては、他者性との出会いが重要である。桑原は、クライエントはセラピストが考えていることとは違うことを言うということを例に挙げ、「絶えずものすごく考えて自分の考えを進めていくのですが、打ち破られるというところに第三者性といえるものがある。そういうものに『他者性』といえるところがあるのではないかと思うのです」と述べている。[5]

筆者は心理療法の本質は、内なる他者（自分が知らなかった自分）と出会い対話していくことではないかと考えている。母親面接においては、母親の目の前に子どもが強烈な他者として現れ、その子どもと本気でぶつかる中で母親が変わっていく事例に出会うことがある。[6]感情表現が豊かで、ときには感情の起伏が激しいようにも見えた娘のＣちゃんと、感情を扱うのが苦手で困ったことがあるとすっと距離をおいてやり過ごしてきたという母親のＤさんのやりとりはとても印象的であった。Ｃちゃんは豊かなイメージをもった女の子であったが、内面から湧いてくるイメージに圧倒され、うまく表現できず癇癪を起こすことがあった。しかし、文字や絵を書いて表現することを覚えてからは、作文や絵本、詩という形で自分のイメージや感情をスムーズに表現するようになった。Dさんは、まだ形にならないCちゃんのイメージや感情を容赦なくぶつけられ戸惑いながら、自分の感情と向き合い、少しずつ自分の言葉を語るようになっていかれた。イメージが湧いてくるCちゃんに対して、Dさんは外で起こる出来事に取り組みながらイメージを少しずつ取り入れていくような印象を筆者はもっていた。そういう意味でもCちゃんとDさんは対照的であり、CちゃんがDさんにとって強烈な他者として働いたのではないかと考えられた。

子どもの強烈な他者性は、母親に自問自答させる機会を与え、母親の生き方にまで影響を与えるようである。一般に「子どもを育てると成長する」といわれるが、それは子どもという一番身近な他者を尊重しつつぶつかりながら育てることによって、自分の内なる他者に出会い、対話が進むからこそなされることなのではないだろうか。

5. 子育てと祈り

・親の願いと祈り

ここで再び祈りの意味を考えてみる。「神や仏の名を呼び、幸いを請い願う。祈願する。」とある。子どもの成長という喜びの裏には、周りには気づかれにくい密かな喪失感が存在し、また、子どもは成長とともにより強く他者性を主張するようになる。子どもが乗り越えるべき課題を抱えたときや壁にぶつかったとき、親は子どもに代わって問題を解決してやることはできないし、また、子どもを自分の思うように動かすこともできない。ましてや、子どもを取り巻く複雑な環境を調整することもできない。だからこそ、子育てにおいて祈りが意味をもつのではないだろうか。子どもに対して願うことを、神や仏に祈るのではないだろうか。

一般的に親の祈りとは、子どもと向き合いながら子ども自身の望みを理解し、それが叶えられるよう心のエネルギーを使って応援することではないかと筆者は考えている。そしてそこには、親の子どもに対する期待や希望も含まれるだろう。しかし、親の祈りに子どもの姿が反映されていなければ、祈りは効果を発揮しなくなるように筆者には思える。効果を発揮しないどころか、子どもを縛り付ける呪いのようになってしまうこともあるのではないだろうか。

・祈りが呪いになるとき　赤いろうそくと人魚から

小川未明の作品に「赤いろうそくと人魚」という童話がある。[7] 簡単にあらすじを紹介する。

北の海に暮らしていた母人魚が、娘の幸福を願って陸に子どもを産み落とし、ろうそく屋の老夫婦に拾われて育てられる。人魚が赤い絵の具で絵を描いたろうそくを山の上のお宮にあげて、その燃えさしを身につけて海に出ると、どんなに悪天候でも災難がないと評判になり、ろうそく屋は繁盛し、お宮も参詣する人が絶えなかった。しかし、老夫婦は南の国から来た香具師に人魚は不吉なものだと聞かされ大金を積まれ、結局人魚を売ってしまった。人魚は連れ去られる直前までろうそくに絵を描いていたが、最後は絵がかけず、ろうそくを赤く塗りつぶしてしまった。人魚が香具師に連れていかれた後、黒い長い髪をびっしょり濡らした女の人が赤いろうそくを買って帰ったが、後で支払われたお金を確認すると貝殻であった。その後、ふしぎなことに、赤いろうそくがお宮に点った晩は嵐になり、人は赤いろうそくを見ただけでも災難にあうようになってしまった。霊験あらたかだったお宮には参詣するものもなくなり、ふもとの町は滅びてなくなってしまった。

・母人魚の願いと娘人魚の願い

そもそもこの物語は、北の海に暮らしていた母人魚が、「せめて、自分の子どもだけは、にぎやかな、明るい、美しい町で育てて大きくしたいという情け」から、娘人魚を陸に産みおとそうとすることから始まる。そうすれば、「子どもは人間の仲間入りをして、幸福に生活することができるであろうと思った」からである。では、娘人魚の気持ちはどうだったのだろうか。

物語のなかに、陸に産みおとされたことを娘人魚がどう思っているかについては述べられていないが、「娘は、大きくなりましたけれども、姿が変わっているので、恥ずかしがって顔を外へ出」さず、「こんな、人間なみでない自分をも、よく育てて、かわいがってくだすったご恩を忘れてはならない」と自分が人間でないことを意識させられて生きていたことは簡単に想像できる。また、ろうそく屋が繁盛した際には、「だれも、ろうそくに一心をこめて絵を描いている娘のことを、思うものがなかったのです。したがって、その娘をかわいそうに思った人はいなかったのであります。娘は、つかれて、おりおりは、月のいい夜に、窓から頭を出して、遠い、北の青い、青い、海を恋しがって、涙ぐんでながめていることもありました」と表現されている。また、娘人魚は香具師に売られることになったとき、「わたしは、どんなにでも働きますから、どうぞ知らない南の国に売られてゆくことは、許してくださいまし」と泣いて老夫婦に頼んでいる。人魚が、人間の仲間入りをして幸福な生活を送っていたとはとても思えず、人間の仲間入りをしようとしていたとも思えない。娘は陸にあがることを望んでいなかったのではないだろうか。

・母の気持ちと子の気持ちを区別することの難しさ

母親たちの話を聞いていると、「子どものためを思って」と話されることが多い。子どもに対しては「あなたのことを思って」と話されているのだろう。母親たちは本当に子どものことを考えて話をされてはいるのだが、目の前の子どもの姿が捉えられていなかったり、母親自身の想いが強すぎたりすると、親のその思いは子どもに届かず、子どもを苦しめてしまうことにもなりかねない。

先ほどの人魚の話では、海の中でさびしい思いをしてきたのは母人魚である。「長い年月の間、話をする相手もなく、いつも明るい海の面をあこがれて、暮らしてきたことを思いますと、人魚はたまらなかった」のであり、「これから産まれる子どもに、せめても、こんな悲しい、たよりない想いをさせたくないものだ」と考えたのは母である。一般的に、子どもに対する期待や願いが子どもの姿や子どもの願いから大きく外れてしまっていることに母親自身が気づけていないとき、母親は自分の気持ちと子どもの気持ちを区別できずにいることが多い。それは、まだ、わが子を他者として認識していない状態であるともいえるだろう。このようなとき心理臨床家は、母自身の願いをしっかり聞くことが必要である。母の願いの奥に、母親が生きられなかった一面が見えることもあり、自分自身の願いに無自覚であるために、自分の生きられなかった人生を子どもに託そうとしている母親も存在する。母親が自分自身の想いを大事に扱われることによって、他者としてのわが子の想いを尊重するようになることもある。

最近の子育ての傾向として、子どもの気持ちを尊重し子どもに寄り添うことが大事だとよく言われる。子どもにとって無理のない形で離乳を進めようとするのも、この傾向の表れだろう。そのなかで、卒乳という言葉が使われるようになったのはとても興味深い。断乳が親の立場に立った言葉であるならば、卒乳は子どもの立場に立った言葉である。子どもの目線に立って、子どもの立場にたって子育てを進めるのが良いという考え方を象徴的に表しているように感じられる。それ自体は悪いことではないが、親が子どもとは違う親の想いを持つことが必要以上によくないことだと認識されていないか気になるところである。子どもに寄り添わなければならないと思うあまり、親は親としての希望や期待をもっていることに無自覚になってはいないだろうか。子どもの立場にたつとこうだとか、子どもはこう思うだろうという想像に、自分の気持ちを投影してしまってはいないだろうか。

・子育てと祈り

親と子は密接に関わり合いながら生きていく。密接に関わり合うが、いや、密接に関わり合うからこそ、親と子は別々に立っていなければならない。親と子が心を響かせ合うためには、それぞれが別々の存在として、自分の足で立っていることが不可欠であると筆者は考えている。親子がくっついてしまっていると、一緒に揺れることはあっても音を響かせ合うことはできない。

子どもを守るための母親の行動が、子どもの主体性を脅かしているように見えるとき、その脅かされている子どもは、実は昔の母親の姿ではないかと感じられることがある。昔、尊重されなかった自分を助けるかのようにいろいろと世話をやきながら、結果的に子どもが自分自身で生きることを阻んでしまっているのである。この場合、子どもと母親の昔の自己像が重なっていると考えることができるだろう。まずは母親の昔の自己像を救い出さなければ、母は子どもと向き合う作業に取り掛かれない。

子育てにおける親の祈りは、子どもを自分とは別の存在として尊重することから始まるのではないかと筆者は考えている。自分とは違う存在が、この世界でどうか守られて生きていけますようにと人智を超えたものにお願いするのが親の祈りだろう。子どもの人生に関して、自分の手には負えないという思いがそこにはあるだろう。究極の親の祈りには子どもへの期待や願望などは含まれず、どうかこの子を頼みますというものなのではないだろうか。

子どもが成長し親元を離れても親の祈りは続く。自分の目が子どもに届かないからこそ、祈りに力を入れるともいえるだろう。ある母親は、子どもが自分の元から離れていったとき、子どもの状態が見えず手が出せない辛さのあまり、子どもを意識の外へ追いやってしまって楽になりたいと話された。子どものことを考えずに過ごせたら楽ができる、手を出せないのに考え続けるのは辛いとのことだった。祈るというのは、とてもエネルギーを要する作業なのである。筆者は、親元を離れて生活している学生のサポートを行っているが、親からの心配や応援の糸が切れてしまうと、学生の状態が不安定になるようにも感じている。このようなとき、親が子どもへエネルギーを注ぎ続けること、祈ることの大切さを再認識させられるのである。

6. おわりに

子育てにおける祈りについて考察を行ってきた。初期には母子一体感が強調される子育てであるが、じつは母と子がうまく離れていくことこそが子育ての本質であり難しさではないかと考え、そのためには、子どもが他者として母の目の前に現れてきたときに、しっかり対峙することが重要ではないかと考察を行った。そして、子育てに他者性が現れてくるからこそ、親は子どものために祈るのだろうと結論づけた。

筆者が、祈りとは何なのか、誰が何のために行うものなのかを意識しはじめたきっかけは、二〇一一年三月に起こった東日本大震災であった。

この震災の後、さまざまな人がさまざまな形で被災地に関わってきた。瓦礫の撤去のためのボランティアなど、現実的な支援をする人たちだけでなく、歌手が歌を歌いに出かけたり、舞踏家が踊りに出かけたりしている。また、旅行会社のツアーには被災地を巡り震災の話を聞くものもあった。どのような形であれ、被災地を訪れることには、被災地の再生への祈りの意味が込められているのではないかと筆者は感じている。ただ、それぞれの人の世界との関わり方によって、祈りの形が違っている、そういうことではないか。

他者のための祈りの本質は、その人のことをずっと思い続けること、心のエネルギーを注ぎ続けることであると思う。しかし、今、強く感じているのは、他者のための祈りであっても、その祈りは他者のためだけに行うものではないのではないかということである。

おそらく私たちは、自分自身のために祈っているのだろう。被災した方や被災した土地のための祈りは実は自分のための祈りでもあり、祈ることによって、私と他者が、私と世界が繋がるような気がしている。自分がこの世界と繋がり続けるために私たちは祈るのではないか。震災を通じてそのように考えるようになった。

子育てにおける祈りも、子どもが世界とうまく繋がりがもてるようにという子どものための祈りでありながら、実は自分のための祈りでもあると思う。自分と子どもとがうまく繋がるための祈りであり、自分が世界とうまく繋がるための祈りでもある。しかしその祈りが、自分の願望を叶えるだめだけの祈りになってしまっては、子どものための祈りではなくなってしまう。ひとつ間違えば子どもをコントロールする方向に舵が向いてしまう。子どもの主体を尊重しながら、親としての希望や期待が活かされて初めて、祈りの力が発揮されるように思う。

子どものための祈りも、それぞれの親によって形が違うだろう。子育てにおいても、めまぐるしく変わる社会状況などによって、こうすれば間違いないというお手本を探すのが難しい時代がきている。それぞれの親が、自分たちの責任で自分たちの子育ての方法を選択せざるを得ない状況がある。親の心理面接においては、それぞれの親が自分たちで自分たちの祈りの方法を見つけていくプロセスを見守ることがサポートする筆者の務めではないかと感じ始めているところである。筆者自身の祈りの方法を模索しながら、真摯に親御さんたちの祈りに寄り添っていきたい。

【文献】

（1）Winnicott, D.W. (1960a) Ego Distortion in terms of true and false self, In *The Maturational Processes and the Facilitating Environment*. London ,Hogarth.（牛島定信訳、1977「本当の、および偽りの自己という観点からみた自我の歪曲」『情緒発達の精神分析理論』岩崎学術出版社、170-187頁）

（2）三宅理子（2010）「青年期の高機能広汎性発達障害児の親への支援」『島根大学教育学部心理臨床・教育相談室紀要』第6号、1-10頁

（3）Winnicott, D.W. (1960b) The theory of the parent-child relationship, In *The Maturational Processes and the Facilitating Environment*. London, Hogarth.（牛島定信訳、1977「親と幼児の関係に関する理論」『情緒発達の精神分析理論』岩崎学術出版社、32-56頁）

（4）橋本やよい（2000）「一体感と個のはざまで――母親と移行対象」『母親の心理療法　母と水子の物語』日本評論社、99-125頁

（5）北山　修・西平　直・桑原知子（2010）「「臨床の知」への問い」矢野智司・桑原知子編『臨床の知　臨床心理学と教育人間学からの問い』創元社、165-210頁

（6）三宅理子（2013）「発達障害が疑われた幼児期女児をもつ母親との心理面接」河合俊雄編『ユング派心理療法』ミネルヴァ書房、146-163頁

（7）小川未明（1993）「赤いろうそくと人魚」『小川未明名作選集1～赤いろうそくと人魚～』ぎょうせい、5-24頁

第6章　精神分析的心理療法における眼差しの深まり

西村理晃

見つめることと待つこと、それが美しいものにふさわしい態度である。自分で考えつくことができ、欲求することができ、願望することができるかぎり、美しいものは出現しない。だからこそ、すべての美の中には、除き去ることができない矛盾、苦、欠如が見出される。

（シモーヌ・ヴェイユ　『重力と恩寵』　p244）

はじめに

眼差しをむけるという営みにはいくつもの層がある。ただ目を向け、感覚刺激を得るにとどまり経験に蓄積されないものから、種々の感情を喚起させ心のあり方を変えるような経験をもたらすものまで様々である。私たちは生きるということにかかわる経験から、この眼差しのあり方は私たちの心の状態に大きく影響され、そのときの心によって深まりもすれば、とても浅薄なものにもなることを知っている。

例えば、美術館に足を運んだ時のことを考えてみよう。私たちがそのとき、時間に追われた状態であり、しかも多くの絵を見たいという欲望にかられているとき、目にしている絵が偉大な芸術家によって描かれたものであろうが、あるいはいわゆる偉大な芸術作品と呼ばれているものであろうが、それを〝有名な〟絵としてしか認識せず、5分も経たないうちに次の絵へと足を移しているだろう。そのときの私たちの眼差しには、〝有名な絵〟は像、あるいは情報として映っているに違いないが、その絵に描かれているもの、込められた情感、思いはほとんど映っていないだろう。逆に、私たちが何かを求め、私たちの心が外から来る何かに対する期待と予感から、そのまだ未知の何かに対して開かれた状態であるとき、ある絵の前でふと足が必然のように止まるかもしれない。その絵が有名であろうがなかろうが関係ない。時間など関係なくその場に立ち止まり、じっとその絵をみつめていると、眼差しはそこに描かれている何かを捉えるかもしれない。それだけではなく、もしかしたら、そこに描かれている何かは私たちに働きかけてくるかもしれない。刺すような痛みを感じるかもしれない。身体を突き抜けるような歓喜を感じるかもしれない。あるいはただただ体の静かな震えを覚えるかもしれない。そこにある何かと接触する瞬間は、何にも代え難い喜びとなるかもしれないが、時に堪え難い苦しみとなるかもしれない。絵には描き手の眼差しが捉えたものが描かれている。したがって、描き手の眼差しの深さが描かれるものに反映される。ある種の絵には画家がみた人生が、生きることの喜び、懊悩が、あるいは画家がかかわった生そのものが描かれているかもしれない。さらに、それを通して画家さえ意図しなかった何かがその内奥に含まれているかもしれない。私たちが自身の眼差しをもってそれらを捉えるとき、それが捉えられえないものであるということも含めて捉えるとき、私たち自身の生が、叫び、痛み、震えをもって画家の生きた生に呼応するかもしれない。その瞬間、絵に眼差しを向けるという経験から私たちは生きることについて何か大切なものを学ぶことに開かれる。

私はこのような経験は心理療法の場においても生じうると考えている。心理療法は、それが適切な設定で行われるとき、クライエントが人をどのようにみて、経験し、そしてかかわるか、つまりクライエントが如何に生きているかが凝縮して表れうる空間となる。心理療法とは、クライエントがセラピストとの関わりの中で、生きるという経験から学ぶことに開かれた心を発達させていく場である。この空間がクライエントにとって、そしてセラピストにとって経験から学ぶ場になるかどうかは、瞬間瞬間に心理療法の空間、二人の間にあらわれる現象に対して、クライエントがどのような眼差しを向けているか、そして同時にセラピストがどのような眼差しを向けているかにかかっている、といえるだろう。セラピストが、それらに自らの眼差しを向け、そして眼差しがとらえるもの、とらえることができないもの、そういったものに向き合うこと、そうし続けることに耐えることができるとき、クライエントはそのような営みが耐えうるものであることを経験から学ぶ可能性に開かれるかもしれない。クライエントがセラピストの向けるそのような眼差しを経験することで、己の眼差しを深め、そしてその眼差しをもってセラピストにかかわるとき、二人の関係の中にはそれまで見えなかった何かがあらわれるかもしれない。それはクライエントがそれまで生きることができなかった何かかもしれないし、目を向けることを拒んでいた何かかもしれない。ただ、その何かに眼差しを向けるという営みが可能となったとき、クライエントはその経験から彼、彼女自身にとってとても大切なことを学ぶ可能性に開かれるだろう。そのとき、クライエントは心理療法の向こうにある彼、彼女自身の人生について何か大切なことを学ぶことを以前よりももっとできるようになるかもしれない。しかしながら、心理療法の中で眼差しを深めていくことは心理療法が心という基本的に見えないものをその眼差しに捉えようとする逆説的な営みであるために、非常に複雑で困難なものとなる。

本稿では、心理療法における眼差しの深まり、その複雑さと困難さについて精神分析の立場から臨床事例を省察することで検討していく。それによって、精神分析的心理療法の中に、祈りというものが介在しうるのか、介在しうるとしたらどのような形をとりうるのか、眼差しの深まりとの関連から描き出していきたいと考えている。

精神分析における眼差し

精神分析の領域では、特にその初期の発展において、〝みる〟ことよりも〝きく〟ことに技法的な力点が置かれ、耳を傾けることを巡っての様々な技法論が展開してきた。Freud (1912e) は技法発展を試みる中で、分析家自身の偏見やとらわれ、理論や知識が、患者が語ることをそのまま聴くということを困難にし、患者の理解、特に患者の無意識に起こっていることを理解することをいかに阻害するかを指摘し、分析家にそれらの偏見やとらわれ、知識を保留して、患者の話に耳を傾ける態度を求めた（「平等に漂う注意」に関する議論を参照）。Freud (1915e) は分析家においてこの態度が成り立つとき、無意識の深みまで聴き、理解することが可能となると考えた。また、Freud (1910a, 1920b) は、患者に求めた様々な動機により話の内容を取捨選択することを排し、そのときに頭の中に自発的に浮かんだことを包み隠さず話すという営み（自由連想）は、分析家の側にとらわれなく患者の話に耳を傾けることが成り立つとき初めて可能となると考えた。現代における精神分析の発展を考慮した上でFreudの聴くことに関する技法論を検討したとき、そこには〝みる〟ことの重要性も包括的に議論されていると考えることはできるかもしれない。しかし、やはり〝みる〟ことについてはFreudの関心の中心領域にあったとはいえず、彼の論考および技法発展の焦点にあったとはいえないだろう。また、Freudにおいては患者の話す内容、示す態度、伝えてくる情緒、あるいは分析家の目の前にいるそのときの患者自体が、分析家が〝そのまま〟耳を傾けることを困難にするという現代の精神分析家たちに馴染みのある現象（逆転移）が、分析家の態度だけでなく、分析家と患者の相互関係の視点から十分に検討されているとは言い難い。

精神分析における〝みる〟ことの重要性は、言葉によって自分を十分に表現できない患者、あるいは言葉をコミュニケーション以外の形で用いる患者に精神分析の対象を広げたときに探求されはじめることになる。例えば、Klein (1932) は語る言葉を十分に持たない子どもとの精神分析の仕事の中で、子どもが言葉以外で表現する内容、遊びやそこで展開する細かな動き、仕草、そういったものを子どもの内的な表現として捉える必要があること、それらを大人の患者における自由連想と等価のものとして捉えるべきであると考え、セラピールームにおけるそれらの事象をFreudの強調した平等に漂う注意をもって観察することの重要性を説いた。Kleinにおいて、一種の逆転現象が起き、言葉は聴くだけでなく、観察の眼差しで捉えるものでもあるとされ、これは彼女とIsaacs (1948) が発展させた無意識的空想の概念に如実にあらわれている。Klein派では、ここに〝みる〟こと、観察することの重要性が技法的にも確立され、技法とそれに関連する問題が議論されてきた。議論の方向性は大きく二つに分けられる。一つは、何をみるのか、そしてなぜ何かをみることができないのか、についての議論。もう一つは、〝みる〟という営みそのものが心の発達、人格構造の形成においてもつ意義、についての議論である。

一つ目の議論について、Klein以降の分析家たちの大きな貢献は患者の心の中で何が生じているかに加えて、分析家と患者の中に何が起こっているかという関係性、そして患者を前にした分析家自身の心の中に何が起こっているのかという逆転移、これら二つの現象をみつめることの重要性を精神分析の基軸として位置づけたことにあるだろう。これによって、精神分析の仕事がその根幹で、何に向き合っているのか、そしてそれに向き合うことが患者にとって、そして分析家にとってどのような経験になるのかがより明らかになってきたところがある。この精神分析が何に向き合っているかという点について究極的に突き詰めたのがBion (1965,1970) である。彼は分析の根幹に位置づくものは〝真実〟であり、私たちはそれに〝近づく〟ことはできるが、それを〝知る〟ことはできない。そして、それに近づこうとする営みは往々にして私たちに堪え難い痛みをもたらすことになると述べた。それは真実に近づくことがその性質として、その営みを追求する者に変化を求めるからである。真実とは、常に私たちにとって知らないもの、知り得ないものであり、そのためにそれに近づく営みとは、真実を知らないということを私たちが近づこうとする営みをあきらめないまま見据えることであり、それを私たちの中で受け止めることである。ここにおいて、真実への接近とは、その存在を認めることによって成り立つ営みであると同時に、その存在を我々は知りえないということを突きつけられる営みでもあるという決定的な矛盾を含むことが示されている。また、それは必然的に、私たちの心のあり方に影響を与えることとなり、私たちが真実に近づくこと、そしてそのプロセスでそれを知りえないと認めることが及ぼす衝撃に耐えるとき、私たちの心のあり方はその変化を余儀なくされる。変化は前にあった心のありかた、あるいは私たちのありかたが崩れることでもあるため、相当の心の痛みを伴う。ここに潜在する痛みのために、私たちは変化を導くそのような真実から往々にして目を避けてしまうのである。

二つ目の心の発達における〝みること〟の意義について、心理療法だけでなく乳児観察やそれに影響を受けた臨床家による発達研究においてもその探求が重ねられている。Rhode（1997）は乳児観察と自閉症児との心理療法から人間の早期発達において〝みる〟こと、視線によるやりとりは最初の情緒接触の方法であり、その後発達するに伴って、〝みる〟ことを主軸に情緒接触の方法が他の感覚器官を通したものへと拡大して行くことを示した。また、Hobson (1993,1999) は自閉症児と全盲の子どもの研究から、自閉症の子どもが相手に対して感情や気持の動きを想定しにくいのは、乳児期より〝みる〟ことの難しさを抱えていること、つまり他の人間と視線を合わせることが困難で、合わせていても奇妙で限局的な視線を向けていることと関連していることを指摘した。彼はさらにその研究より、多くの全盲の子どもがその発達のプロセスにおいて自閉症児に典型的にみられる自閉症的行動を発達させていることを見いだした。これは、〝みる〟ことの困難が、他者と心の交流をするために必要な心の理論、相手に心を想定するために必要な前概念的思念ともいうべきものを心の中に発達させることを難しくさせていることを意味している。これらの研究が示しているのは、〝みる〟という営みが他の人間との心のやり取りと直接的にかかわっている営みであるということである。Steiner (2011) は情緒的に引きこもった患者との精神分析の仕事から、ある患者にとって誰かとの関係性の中でみること及びみられることは堪え難いことになると述べた。みること、みられることは両者とも自分をさらすことであり、自分の心をもって人にかかわることである。そのため、その営みが喚起させる不安に耐えられないとき、人は誰かとの関係性の中で限局的な眼差し、あるいは盲目の眼差しをその相手に、およびその相手とかかわる中で生じる何かに対して向けることしかできなくなる。さらに彼は、そのような患者との精神分析の仕事においてはしばしば分析家自身、逆転移に巻き込まれ、限局的あるいは盲目的な眼差しを患者に向けていることあると指摘し、逆転移の精査の重要性を強調した。

Klein派精神分析におけるこれら二つの議論を念頭に置きながら、以下に精神分析的心理療法の事例を取り上げることで、心理療法における眼差しの深まりについて吟味していく。その際、特にセラピストの情緒体験、つまり逆転移を詳述することにより、眼差しの深まりを支えるものについて考えを巡らせていきたい。

臨床素材

来談時二十歳の女性A。Aは年齢よりもかなり成熟してみえた。踵の高い靴をはき、念入りに化粧をしていた。それらは洗練されており、またそれに応じた振る舞いを身につけていた。これらにより、年齢から想定される青年期の女性をAに見つけるのは難しかった。語る様子には、感情がのせられ、表現も豊かであったが、どこかそれらはすべて洗練という形で限定されている印象があった。

Aは会社経営をしている裕福な父親とその愛人関係にあった母親のもとに生まれた。母親は結婚を願っていたが、父親はそれに応じることはなかった。代わりに贅沢品を買い与え、母親とAに裕福な暮らしを保証した。その状況の中、母親は鬱に苦しみ、Aの育児は他の人を雇い任せていた。

Aは十七歳のとき、そのような家庭状況と、当時住んでいた不必要に大きな豪邸に耐え難い空虚を感じ、単独で家を離れ、ロンドンに移住してきた。ロンドンにアパートをかり、高等教育を受けるも、次第に抑うつに苦しむようになった。有名大学に進学するも、他の学生といることに堪え難い苦痛を感じ、一年で退学。その後、地域の精神科クリニックに相談を申し込んできた。アセスメントの後、週一回の心理療法が適当と判断され、私が担当することになった。

Ａは心理療法がはじまった当初より、とても友好的で、協力的であった。また、知的でもあったので、自分の生い立ちや現在問題にしていることを整理された形で語ることができた。感情を言葉で巧みに表現することも、それを表情に表すこともでき、一見すると情緒的な問題を抱えているようにはみえなかった。

心理療法が始まって間もないころ、Ａは夢をセッションにもってきた。それは次のような夢であった。

夢：Ａは母親と美しい緑の丘を歩いている。二人とも少し古風だが瀟洒なドレスをきており、母親は日傘をさしている。ところどころに小さなかわいらしい花がさいている。Ａはそれらを踏まないようによけているが、母親はお構いなしにふみつけている。母親は日傘に加えてサングラスをかけている。Ａはサングラスが気に入らず母親にとるように要求する。母親がサングラスを外した瞬間、空に浮かんでいた何かが破裂する。直感的にそれが原子爆弾だと思う。景色は暗転し、地獄絵図に変わる。Ａと母親の身体は熱波で溶け始め、Ａは叫び続ける母親に抱きつきながらごめんなさいと謝り続ける。

この夢に関するAの連想は一つであった。それは、夢の前半の母親との散歩の景色から連想された、モネの『日傘をさす女』であった。日傘をさした美しい女性が、子どもと一緒に丘にたたずみ笑いかけている絵とAは描写した。Aは以前アメリカにいた頃、何度もその絵をみに美術館に足を運んだようで、その経験を含めて、その後のセッション時間を費やしてその絵のすばらしさについて語っていった。

私は、この夢の報告を聞いたときに、最も関心を引かれたのは、夢を報告している時と報告後のAの様子の変化であった。夢を報告しているとき、Aは落ち着きをなくし、視線も会わず、ただ何かを私に訴えかけるように語っていた。しかし、夢を語り終わった瞬間、なにかすばらしい素材を私に与えたという感もあったのか、満足気な様子で、夢の連想から得たモネの絵について知的かつ情感を込めて語っていた。さらに、私にとって不可解だったのは、彼女の夢そのものは内容的にもとても興味深いものでありながら、私自身その報告を聞きながらその内容に入り込めない状態に陥っていたことであった。一種の眠気さえ覚えていた。ただ、私はどこかで関心を持たなければならないという義務感から、表面的にはあたかも関心があるふうに彼女の前で振る舞っていた。

夢の内容についてであるが、後で振り返ったとき、やはり一つ一つの描写が非常に興味深く、これはこのケースのスーパービジョンの中でも私のスーパーバイザーとのあいだで熱心に検討された。しかし、当のセッションの中で私の関心を引いたのは唯一、〝原子爆弾〟のくだりのみであった。日本人である私との凄まじく破壊的な情緒接触の恐怖を伝えているのかもしれない、と思われたが、そのとき私が捉えていた私と彼女との関係性と、彼女の心の状態においては、その消滅とも言うべき恐怖、あるいは不安を、意識の上で共有する場所はないように思われた。同時に、私たちの治療関係はまだそれに向き合うことに耐えることのできる段階に至っていないと私は感じていた。そのため、私は原子爆弾についての連想を尋ねるにとどめたのだが、それに対しての彼女の反応は〝特にない〟というものであった。

この夢における他の示唆的な部分、例えば日傘に加えてサングラスをかけた母親が小さな花を踏みつけている部分について、これは何かに対して過剰に防衛的になっている対象が防衛的になるあまり盲目的かつ破壊的にもなっていることを示していると思われ、これはAの心の中で経験されている対象（内的対象）の性質を伝えていると考えられた。これはその夢が報告された当のセッションでは私の注意の射程に入らなかった（このこと自体が防衛の強度、あるいはその防衛のもとになっている不安の強さを伝えているとも考えられる）。しかし、その後セッションを重ねて行くうちに、Aは私をこのような過剰に防衛的で盲目な対象として経験していることが関係性、特に転移・逆転移関係の中で少しずつ明らかになった。セッションを重ねる中で少しずつ私が意識化できた逆転移反応として、私はどこかでAとの接触に対して警戒しているところがあり、あたかも腫れ物を扱うようにAに接しているところがあった。これは、その当時の私の理解では、Aが性愛的な転移を経験していることに対する私の反応によるものと考え、適宜、その感情体験と理解に基づいた解釈を伝えていた。今、考えたとき、この理解は必ずしも誤りとは言えないのだが、表層を引っ掻いている類いの理解であり、関係性の本質に触れるものとは言い難いものであった。実際、Aはそういった私の解釈に対して、時々戸惑いを示しながらも「そうかもしれない」と同意するような言葉を伝えたが、それに続くAの反応（連想として話す内容）は、私の解釈が彼女の心の奥には届いていないことを示す内容であった。

一方、Aは毎週のセッションにほとんど遅れることなく来談し、彼女の日常における悩み事や、苦しみを私に語っていった。私はAの中で理想化されており、Aの苦しみにいつも〝耳を傾け〟、Aの話に〝関心をもって聴いてくれる〟セラピストとして実際に語られた。心理療法が開始して一年経つころ、Aは何人かの友人をつくることができており、その後、ボーイフレンドもつくることができた。Aと彼らの関係は常に一定以上の距離を想定したものとなっていたが、Aはそれは自分にとって今必要な距離だと肯定的に捉えていた。また、Aは自分の将来に対しても積極的になっており、自身の関心と傾向を考えた結果、芸術系の大学に出願することを決め、ロンドン内の希望の大学に合格した。この時点で心理療法開始から二年が経過しようとしており、表向きにはAの人生は順調で問題なく進んでいるようにみえた。この点だけみるならば、Aは私にとっても理想的なクライエントに違いなかった。

しかし、私はAとのセッションの中で、Aの協力的な態度と外的世界における変化に喜びは感じながらも、私たちの関係性のなかに長く存在しているよどみ、停滞感に危機意識を持たざるをえなかった。ある種の焦りより、私が逆転移として経験している、Aに対する必要以上の防衛的な態度、およびそこからくる盲目的な態度は、最初に報告された夢が示していたように実際に消滅にかかわる接触への恐怖、不安をAが私との間で経験しているにもかかわらず、意識の上に上らせることができないことからきているのではないか、という想定に至ることがその時期、何度かあった。言うまでもなく、これは逆転移を主とした私の感情体験を見つめていく営みによって生まれた想定ではなく、停滞に対する私の側の焦りから主に知的作業によって構築された想定である。というのは、その頃のAとのセッションにおける私の視野には、消滅の恐怖などその片鱗もとらえることができておらず、もちろん、Aや私の防衛的な態度そのものがその存在を示唆していたとしても、それは実感として私のなかで経験されていなかったからである。もちろんこのような想定から構築される解釈がAに響くわけはなく、関係性の中を上滑りするような形で経験されていた。

心理療法開始から二年が経過した頃、Aと私との間にある停滞は私のスーパーバイザーによって深刻なものとして受け止められた。スーパーバイザーは停滞に対してアプローチすることをより可能にするためと、Aの示す停滞が引き起こす可能性がある事象（この時点では急速な過剰適応の反動によるブレークダウンが懸念されていた）への危機意識から、Aには週三回の心理療法が適当であると判断し、私に頻度の増加を検討することをすすめた。この時点で、私は実際に研修のために週三回の集中心理療法のケースが必要であり、熱心に探していた時期にあったため、この提案は渡りに船のはずであった。しかし、私はスーパーバイザーがその提案をした際、大きな躊躇を経験していた。この躊躇が何によるものなのか、その時点でははっきりとしなかった。状態として言えるのは、その時点で私はAに〝週三回も〟会うことに強い抵抗を感じていたことである。私はAが週三回の心理療法を受けることでより利益を得ることができることは頭では理解し、その必要性もわかっていたのだが、それを実行に移すことができなかった。スーパービジョンのたびに、それを示唆するスーパーバイザーに対して私は、時間枠の問題等、あらゆる言い訳を並べ立て、状況をあいまいにしていた。しかし、私のこの抵抗は明らかに私のスーパーバイザーによって見抜かれており、少なくともAとのセッションの中で、心理療法の頻度が週三回に増やすことが可能であることをAに示唆する必要があることを伝えられ、私は大きな躊躇を感じながらも続くセッションでAにそれを伝えた。Aはその際、数秒私を凝視するような眼差しを送ったが、すぐにはじかれるように視線をそらし、「検討してみる」と応えた。私は、このAの反応を気がかりに思ったが、その時点で扱うことはできなかった。

その数セッション後、Aは動揺した様子であらわれ、週末にパリに小旅行したおりに、オルセー美術館を訪れた話をした。Aの話の焦点はモネの『日傘をさす女』の絵であった。これは、アメリカにあるものとは別バージョンの絵であり、Aはそれ以前に何度かこの絵を鑑賞したことがあった。しかし、この小旅行において、Aは「大好きだった」この絵の前に立ち止まった時、愕然とし、その場で過呼吸発作を起こしてしまった。幸い、彼女のボーイフレンドが助けてくれて、彼女は落ち着くことができた。その後、宿に戻って休みをとり、あとはゆっくり過ごしたと語った。彼女は、その際、私の顔を何度か観察するように眺めながら、彼女が愕然としたのは、その絵の日傘をさした女性には顔がない（顔がぼかされていて明瞭に描かれていない）ことに対してであった。私は、この話を聞きながら、この顔のない対象は彼女の中で経験されている私でもあるのだろうと思い、そこにある動揺に共感するものを感じながらも、一方でその時点では得体の知れない感情が動いているのを経験していた。理解に急いだ私は、その感情をいら立ちとしてくくり、気がかりなものを残しながらもそのセッションを終えた。

その後、スーパービジョンの中でこの経験を追ったとき、一つの事実に突き当たることになった。私がそのときに経験していたのはいら立ちなどではなかった。それは、嫌悪の情であった。この嫌悪感はおそらく心理療法の最初の段階から私の心のどこかで感じられており、その性質上私にとって認めがたく、その時点に至るまで私の無意識に深く潜伏していた。心理療法が始まってより、二年以上の間、私が自らの眼差しに捉えることができなかったのは、破壊的な情緒接触に対する恐怖や不安などではなく、私の前にいるAに対するどうしようもない嫌悪であった。私はそれに対しておそらく積極的に盲目の眼差しを向けており、この盲目は私にAに対して不必要で不可解な距離をとらせていた。私自身の心理療法の頻度を上げることへの抵抗も、おそらくこの嫌悪からくるものであった。頻度の増加の提案は、Ａと私の距離を半ば暴力的に縮め、その結果、それまで踏み込まなかった近い距離に私たちを置くことになった。そのとき明らかになったのは、私の顔は距離のある状態でＡがみることができていた笑顔（初期に語られたモネの絵に相応）ではなく、「顔がない」と語られ、Ａを激しく動揺させる顔であった。この「顔がない」顔は、盲目を示唆しているようにも捉えられたが、Ａが私の顔からぼかす、あるいは消滅させざるをえない〝なにか〟をむしろ示唆しているように思われた。その〝なにか〟とはＡに対する私の深い嫌悪であると考えられた。

この理解は、前述の通り心理療法の外、つまりスーパービジョンの中で当初はあらわれたのだが、その後に続く心理療法の数セッションの中で、私はこの自覚により得た観点を持って、私自身の眼差しにとらえることのできるもの、つまり私の目の前で展開する転移、および逆転移を見つめたとき、様々な堪え難い感情を伴って私の中に自覚されることになった。それらの堪え難い感情の中には先の嫌悪の情があったのだが、それを捉えた私の心には、セラピストの私にさえこのような形で嫌悪されなければならない目の前のＡが同時に私に引き起こす哀しみが嫌悪よりもむしろ強く感じられていた。そういったセッションを経るうちに、私は私の側における一つの変化に気づいた。それまで、私はＡとのセッションの中では、視線を常にＡに向けておくプレッシャーのようなものを感じており、それは逆転移として理解しようとしたときもあったのだが、基本的に私はＡから〝目をそらさない〟という姿勢でＡに向き合っていた。しかし、これらのセッションを経ることで、私はＡを前に目をしばらくの間とじて考えたり、Ａの向こうにある窓辺の景色の方に目を向け、しばらく想いにふけるということ、つまりこれらは私の通常のセラピストとしてのあり方なのだが、それがＡとの心理療法で可能になっていた。
頻度に対して、この時期、私自身Aにとって頻度を上げた心理療法が〝必要である〟ことを情緒的に見極めることができており、それをセッションの中で何度かAと話し合うことができた。Aは様々な不安をもってこの提案に反応したあと、現実的に私の提案した時間にAがあわせることもできないこともあって、しばらくは週三ではなく週二回に頻度を増やした形であっていくことに決めた。頻度が週二に変わった後、Aはしばらくその変化に動揺を示し、ときに大きな不安を示したが、次第により落ち着いた形でかかわることができるようになっていった。そうして数ヶ月を経たセッションで、Aは次のような夢を報告した。

夢：Aは車を運転しており、そのうち真っ暗なトンネルに入って行く。出口が見えないほど長く暗いトンネルであるため、次第に恐怖が募る。そうしていると背後に人の気配がする。〝化け物だ〟と直観し、後ろを見ないように努める。そうすると運転席の背もたれの部分に小さな白い手が見え、それがAの方にのびてくるのが感じられる。恐怖のあまり目を閉じて、アクセルを強く踏む。その瞬間、光の爆発があらわれ、気づいたときにはAは後部座席に座っており、小さな白い女の子を泣きながら抱えている。運転席には見知らぬ男性がおり、車は見知らぬ場所を走っている。男性はバックミラー越しにAと女の子を時折眺めている。Aは安心して、小さな白い女の子を見つめる。Aは先ほどの〝化け物〟がその小さな女の子であることをさとり、女の子を抱きしめて泣き、〝ごめんね〟と謝り続ける。

この夢に対する最初の連想は、セラピストである私であった。そして、心理療法の中で私にみられていることを思ったときに安心感のようなものを感じると語った。私はこの夢はある面でＡがそれまでに経験した心理療法を端的に伝えるものとして受け取り、Ａの連想がすぐに私との関係に結びついたことにより、夢で表現されているものが現在のＡと私とのかかわりに連動して経験されていると受け取った。しかし、この時点で私が懸念したのは、Ａは私との間で経験していることを夢によって表現しているというよりも、Ａは夢を基軸に私との関係で経験していることを部分的に、そして幾分防衛的に語っているのではないかということであった。つまり、Ａはいま、まさに私との間で経験しているものを直視するのではなく、夢というフィルター、あるいはサングラスを通してみることによって、衝撃を和らげる、あるいは何かをみないようにしているのではないかということを私は懸念した。Ａが私に結びつけた夢の中の見知らぬ男性は、〝バックミラー〟越しにしかＡと化け物と見なされた小さな女の子（Ａの子どもの部分であると理解している）をみていないのである。私は、笑顔を向けるＡを前に、しばらく間を置いて、「あなたの安心感は私があなたをしっかりみていないと思うことで得られているよう。私の目には、あなたが化け物と信じている何かが映らないことになっている。」と伝えた。Ａは顔を上げ私を凝視し、そして表情を硬直させ、沈黙に陥った。長い沈黙の後、Ａは挑発的だが同時に取り乱した震えた声で、彼女は私が彼女を化け物扱いしていること、私が優しい様子を装って実際は彼女のことなど何も気に留めていないこと、それらのことを長らく、おそらく最初に会った時から確信していたと叫んで訴えた。「あなたのような人間をみていると、本当に虫酸が走る。わかったようなふりをして、全然わかっていない。」私が口を開きかけると、彼女は椅子から立ち上がり、扉の方に歩いて行った。しかしすぐに振り返り、私を睨みつけ、彼女は私に今まで一度も受け入れてもらえたと感じたことがなかった、と言い放った。そして、泣き出し、部屋を飛び出していった。部屋に残された私は、Aの怒り、絶望、そういった強い感情にさらされ内心激しく動揺していた。ただ、しばらくして気持ちが落ち着いてきたとき、Aが私との心理療法で初めてこれほど強い感情をあらわにして私に強くかかわってきたことに喜びと希望のようなものを感じている自分を見出した。

続く六週間、Aは心理療法に訪れなかった。キャンセルの連絡もなかった。これらのことは今までのAにはなかったことなので、私は強い不安におそわれた。ただ、最初の二週間は、Aの中で前回のセッションのことを落ち着かせるのに来談が難しい状態なのかもしれないと思い、私はむしろ肯定的に彼女がセッションにあらわれない事実を捉えていた。しかし、三週間目に入り、もしかしたら、Aの現実生活の中でなにか大変なことが起こり、彼女は心理療法に来ることができなくなっているのかもしれないとひどく心配すると同時に、状況に苛立ちを覚え始めた。そして、Aが姿をみせなくなって、五、六週が経つころ、理由はどうであれAはもう心理療法に戻ってこないかもしれない、と思うようになっていた。それは私にとって痛ましく、悲しいことであった。そのときになっておそらく初めて、私はAが私にとってとても大切なクライエントであったことを心から痛感した。

幸い、音沙汰のなかった六週間を経て、Aは心理療法に戻ってきた。私は、時間になり、いつものように待ち合いにAを迎えにいった。待ち合いには、二人の女性がおり、一人は雑誌を読んでおり、もう一人は窓辺に立って外を眺めていた。二人とも、Aではなかったようなので、私は受付の間違いだと思い、受付の窓の方に〝Aはいない〟というジェスチャーを送った。受付の同僚はそのジェスチャーに戸惑って応えて、待ち合いの中を見渡し、窓辺の女性を指差している。私には明らかにAではないと思われたので、〝ノー〟というジェスチャーを送り、隣室に確認にいこうとすると、その窓辺の女性は私たちのやりとりを察知したようで振り返り、私の名前を呼ぶ。私は驚いてその女性に目をやると、それはAであった。Aはグレーのパーカーに色の濃いジーンズという服装で、髪は後ろにシンプルに束ねており、まだ新調して間もないと思われるスポーツシューズを履いていた。いつもの踵の高い靴を履いていないため、背丈は私と同じか少し低いくらいであった。顔にはそれまでの念入りな化粧がなかった。髪の色まで異なっていた（おそらく地色に戻ったのと思う）。そこにはいわばふつうの青年期の女性がいた。私は少しの間呆然としていたように思うが、いずれにせよ、Aの名前を呼びセラピールームへと歩いていった。

そのセッションはAの長い沈黙ではじまった。Aは時折私に目をやり、なにか言おうとしているが、それを躊躇している、そのような姿を沈黙の中に示していた。しばらくして、Aは躊躇をその表情にあらわにしながらも意を決したように、「心配してくれた？」と尋ねた。私が何も言わずにいると、Aは「あなたはそういうのに答えないから、それはそれでいいんだけど」と言い、Aは私が本当に心配しているのかを見極めるために、あるいは私に本当に心から心配させるために、心理療法をやめることまで考えたと語った。彼女は、私にとって彼女がどのような存在なのか、どのように受け止められているのか、そういうことを確かめないとここにくることはこれ以上できない、と言った。そして、沈黙を挟んで、私が彼女を嫌っているにもかかわらず、セラピストだからという理由で仕方なくあっているのだとしたら、ここに来る意味はないと言った。彼女は今度は何かを避けるように、「私は、誰にも愛されないし、愛されたことないから、あなたがどういうふうに私のことを思ってるか知っている。」と言った。しばらく間をあけて私は、「あなたは私の目に愛しがたい存在として映っていると信じていたようだし、今はその確信があなたを動揺させている」と伝える。彼女は口を挟もうとするが、私は続けて、問題はその信念のために、彼女が私が彼女そのものを見ていないと感じていることだろう、と伝える。彼女は、何も言わず、両手を強く結び、それを凝視している。私はしばらく間を置いて、待合で私が今の彼女に気づかなかったことに触れ、彼女はそれにくじかれて、自分は誰にも愛されない、という以前の信念を取り戻そうとしている、と伝える。彼女は顔を上げて、私の方をみる。私は、「今、見えているものをそれとして目をそらさず受け止めて行くのは本当に難しい」と伝える。Aは再び顔を伏せて、しばらく黙っていた。長い沈黙のあと、彼女は幼い女の子のように嗚咽し、私が彼女のことを心配していることを認めることがどうしようもなく難しいことを訴えていった。ただ、幼い子どものように嗚咽している彼女の様子に次第にあらわれてきたようにみえたのは、すがすがしくも感じられる深い安堵であった。

おわりに：眼差しの深まりと祈り

心理療法のプロセスを振り返って考えるときに、私たちは自らの失敗や未熟への認識からくる後悔、罪悪感から「もしあのときに私がもっと〜を理解していたら……」という仮定を立てることがある。私たちが過去の過ちから経験する後悔、罪悪感は、それが私たちへの未来のさらなる研鑽と変化へと繋がるとき、とても建設的、ときに創造的な感情体験にさえなるのだが、それらがこういった仮定に繋げるとき、それは私たちが再び盲目の眼差しを〝今の現実〟に対して向けていることに他ならない。なぜなら、そのような仮説は往々にして罪悪感と後悔の情に対しての耐えられなさから作り上げられる架空の出来事を導くからである。したがって、Aとの心理療法を振り返ったときに、〝私が初期の段階で、おそらく潜在的に感じられていた嫌悪感を私の眼差しの中にいれ、Aに向き合っていたならば……〟という仮定は意味をなさないばかりか、私の行う心理療法にとって有害にさえなるだろう。

私たちが向き合う必要があるのは、心理療法において、受け入れがたい感情体験を含めたある種の事象をしっかりと私たちの眼差しで受け止めるのには、長い時間とそれに伴う労力、努力、心のかかわりを必要とするという事実だろう。Aとの心理療法において、私がAに深い嫌悪を感じていることを私の眼差しでしっかりととらえるまでに二年以上の時間を要した。この二年以上という時間は様々な含みをもつ時間である。このAとの間で経た固有の時間がなければ、私はAとの間に感じた深い嫌悪の性質を本当の意味で知ることはできなかった。それがいかに他者の眼差しに捉えることが難しいものであり、行き場のないままさまよいながらもAを含めAにかかわる人たちに深く影響を与えていたか。そしてそれが人知れないところで如何に深くAを苦しめていたかを、私はその時間とそこにある経験なくしては学ぶことができなかっただろう。

このような時間を経て、私の眼差しがようやくAに対する深い嫌悪を捉え、その眼差しをもってAに関わり始めたとき、それまで不可解であったこと、中途半端な理解で進めてきたことが、一つ一つ繋がっていき、新たなAという像を様々な感情を伴いながら私の中に結んでいった。しかし、そのとき同時に起こっていたのは、〝私はAに対して深い嫌悪を感じている〟は過去の時間に過ぎていき、あったとしてもAに対する一部の感情体験に過ぎなかったということである。つまり、新たなAという像を私の中に結んでいった瞬間に、私のまだ知らないAが眼前にあらわれ、私は既知のものを心に抱きながら未知のものに向き合うという状況に置かれていた。私の眼差しの深まりは、Aとの心理療法においてはこのような形であらわれており、それは約四年続いたAとの心理療法のプロセスで繰返し経験された。

心理療法の中で、セラピストの眼差しがクライエントとの関係の中で深まっていくとき、それはどのような形であれ、クライエントに影響を与えることになるだろう。ただ、果してそれがクライエントの眼差しの深まりに繋がることになると確信をもっていえるだろうか。Aとの心理療法において、私のAに対する眼差しが深まっていく流れの中で、Aはあきらかにそれに呼応するようなやりとりを私との間で展開してきた。ただ、それは一概にAの眼差しの深まりを示すと言うことのできない複雑なものであった。その中で一時期優勢だったのは、Aがあたかも私たちの関係の中に生じているものから目を背けていくということであった。特にトンネルの夢を報告したときには、〝安心感〟を得る必要から、Aは私に対してもA自身に対してもそれ以上眼差しを向け続けることに大きな抵抗を示していた。私はそのようなAを前に、私が眼前で起こっている事象に対して目をそらさず自らの眼差しを向けていることを示す以外、Aに対してできることはなかった。つまり、Aが眼差しを深めることができるかどうかについて、私は直接的に何かを及ぼす立場でもないし、それができる存在でもなかった。

これは極めて当然なこととして受け止められるかもしれない。ただ、この当然は、目の前のクライエントに深くかかわるセラピストにとって、ときに受け入れがたい事実となる。それは、深く関われば関わるほど、私たちは自身の存在がクライエントにポジティブな影響を及ぼすという願い、あるいは欲望を強く抱くことになるからである。しかし、セラピストが自身の眼差しを関係性の中に生じている事象に目をそらさずに向けているならば、その深く関わる二人の間にどうしようもなく深い裂け目、断絶がよこたわっていることを認めざるをえないだろう。そこには深く関わり合うからこそあらわれる個と個の断絶がある。そして、この断絶が本来の意味での〝他者〟を関係の地平に浮かびあがらせる。ここで言う〝他者〟とは私にとっても、その時点のＡにとっても未知の存在、つまり文字通り〝他者〟なのである。私の理解では、この〝他者〟がＡと私との関係の中で浮かび上がったとき、Ａの眼差しの深まりを導き、Ａがより生き生きと心をもって私にかかわること、心理療法において生きることに関わることを可能にするのではないかと考えている。私にできたのは、そういったことが生じうる場所、つまり心理療法を維持し、私自身の眼差しをもってそのときに起こっていることを見つめること、そして待つこと、それだけであった。

私は心理療法に祈りが介在するとしたら、心理療法の関係性の中であらわれうる〝他者〟に対してであると考える。祈りの原義に立ち返ったとき、それは信じるという行為そのものをさすことになる。心理療法における祈りとは、私たちの眼差しでは捉えることが絶対的に不可能な、ここで私が〝他者〟と表現した〝なにか〟が存在しうること、そのような他者がクライエントに働きかけること、これらのことを信じて待つこと、に尽きるのではないかと思う。そして、心理療法の中で、そのような存在を信じることが可能になるのは、セラピストが眼差しを深めていくことによって初めてあらわれる断絶、そこに存在する深淵にその目を向けていく営みにかかわることによって、少なくともかかわろうとすることによって起こりうると思う。繰り返すが〝他者〟とは不可知のものであるその点において、私たちの眼差しを超えたところにある。それがために、私たちはその存在を捉えることはできない。私たちがこういった対象に対してできるのは唯一、その存在が心理療法の枠組みの中にあらわれうるということを信じて待つこと、つまり祈ることである。そして、この祈るという行為が心理療法の中で実質的な意味をなすのは、セラピスト自身が生じている事象から目をそらさずに眼差しを深めていくことができているときではないだろうか。

ではセラピストの眼差しの深まりは一体何に支えられているのであろうか。私は、セラピストがクライエントに対して眼差しを深めていくことが可能であるとしたら、それはセラピスト自身がそのような眼差しを誰かに向けられ、その眼差しの深まりの中に受け止められたことがあるからだと考えている。母親か。父親か。それとも私たちがこれまでの人生で出会った大切な人か。それとも私たち自身のセラピスト、あるいは分析家か。もしかしたら、そういった人達の向こうにいる人たちか。いずれにせよ、誰かの眼差しの深まりの中に受け止められるなかで、その中に浮かび上がる〝他者〟に働きかけられ、自分自身の眼差しの深まりをセラピストが経験していなければ、私たちはクライエントに同じような眼差しを向けることはできないだろう。心理療法で可能となる眼差しの深まりとは、私たちが過去に誰かとの関係のなかで経験した〝他者〟にもとづくものといえる。したがって、祈りとは、眼差しの深まりを支えるもの、つまり〝他者〟の存在を信じ、それを待つ営みであると同時に、自らのうちにある〝他者〟によって私たちに可能となる営みと言えるだろう。私たちの存在がこのような〝他者〟に基づいているのであれば、眼差しの深まりと共に、祈りは自ずと私たちに実現している営みであると私は考えている。

【参考文献】

Bion, W.R.(1965), *Transformations*. London., Heinemann Medical Books.
Bion, W.R.(1970), *Attention and Interpretation*., Tavistock.
Freud(1910a), 'Five Lectures on Psycho-Analysis.,' S.E.,XI.
Freud(1912e), 'Recommendations to Physicians Practicing Psycho-Analysis,' S.E., 111.
Freud(1915e), 'The Unconscious,' S.E. XIV, 161.
Freud(1920b), 'A Note on the Prehistory of the Technique of Analysis.,' S.E., XVIII. 263.
Hobson, R.P. (1993), *Autism and the Development of Mind*, Psychology Press.
Hobson, R.P. and Lee, A. (1999), *Autism and Congenital Blindness*, Journal of Autism and Developmental Disorders, 29: 45-56.
Issacs, S. (1948), 'On the nature and function of phantasy,' Int. J. Psycho-Anal. 29:73-93.
Klein, M. (1932), *The Psycho-Analysis of Children*. Hogarth.
Rhode, M. (1997), 'Psychosomatic integrations: eye and mouth in infant observation.,' Development in Infant Observation, London Routledge, 140-156.
Steiner, J. (2011), *Seeing and Being Seen*. Routledge.
シモーヌ・ヴェイユ（1952）『重力と恩寵』田辺保訳　1995　筑摩書房（ちくま学術文庫）

第7章　心理療法と祈り～聖地に学ぶ～

山本陽子

Ⅰ：はじめに

お正月には神社に参拝し、困ったときには神様に拝み、祈るような気持ちで、運を天に任せ、祭り事では神様に真剣な気持ちで祈る……等、私たちの生活には「祈ること」があふれている。そうした日常の祈りはいつも何か「幸せになれますように」「不幸が訪れませんように」といった「頼みごと」の側面が強いのではないだろうか？　こうしたご利益追求の祈りではなく、いや、この煩悩に満ちた祈りも含めて、人は何故祈るのであろう？

祈りとは『神との対話である』と言われているが、信仰の対象としての『神』が特定されない私には神との対話と言う言葉自体がしっくり来ないし、理解できていないだろうし、実感しにくい。それでも日常生活の中で、祈ることはするし、『祈り』がいつも身近にあるし、心が満たされる行為だし、私にとってはとても大切な行いである。私はいったい何に対して祈っているのか？　『祈り』という行為は私にとって、人間にとっていったい如何なるものなのだろうか？　これを考え始めると何か大きなものに包まれる気がしてくる。

加藤先生がお元気な頃に、私たちに向かって「あんたらなぁ、人生で一番おもしろかった事は何や?」と問われた事がある。私は、「沖縄の海神祭に参加して、神人（玉城安子氏）（玉城さんについては『風土臨床』[1]に詳しく書かれている）のお付きとして、祭りの後の禊の行事に参加させてもらった事です」と答えた。問われたメンバーはそれぞれにいろんな事柄を答えたのだが、加藤先生は「みんな、本当に人間がおもしろいと感じる事は、そこには神が関係しているんやで」と得意げに言っておられたのがずっとこころに残っている。

　クリスチャンであった加藤先生に生前に「神とは何ぞや?」「加藤先生にとって神とは?」「先生にとって祈りとは何ですか?」という問いを正面から問いかけたことがなかったことが悔やまれる。先生はなんと答えられたのだろう?

　闘病中の加藤先生のもとにお見舞いに行き、先生に「今までの加藤先生から教えていただいた事、学ばせていただいた事をまとめる意味で『心理療法と祈り』について、みんなで書いて本にすることにしました」と告げた。加藤先生は「うん、そうやなぁ。それはいいなぁ。心理療法は祈りやな……」といつもの調子で答えてくださった。でもそれ以上は語らず、宙をみるようなあの加藤先生の思索の世界に入ってしまわれる。それ以後清明な意識を持った先生と、心理療法の事柄について話す機会が二度と持てないまま先生は旅立たれた。

　心理療法の実践を行ってきて三十年が経過した。さまざまなクライエントと出会い、『傷つき』『苦しみ』『怒り』『生きる気力のなさ』『悲しみ』等についてを、入り口にして、一緒に懸命に『生きること』について考えてきた。『心理療法と祈り』と言う壮大なテーマで私に書けることはないなぁと思っていたが、加藤先生から学んだことの一端でも言葉に出来ればという思いから書いてみようと思えた。そう決心できたのは二〇一三年八月に加藤先生が死去されてから行った久高島での不思議な体験からである。

Ⅱ：久高島（沖縄）にて

　久高島には私たちが常宿としている宿泊交流センターが集落の北のはずれにある。そこには玄関を入ったすぐのところに、折口信夫（釈超空）の句『目を閉じて時と所を忘るれば、神代に近き聲ぞ聞こゆる』の掛け軸がある。もう何回ともなく訪れた場所であり、何回もその句には触れているが、今回（二〇一三年八月）は〝時と所〟の箇所が〝時と祈り〟に見えてしまう。『目を閉じて時と祈り（……）を忘るれば、神代に近き聲ぞ聞こゆる』と読んでしまう。「ふうん……」と思いながら、私は伊敷浜に出掛ける。

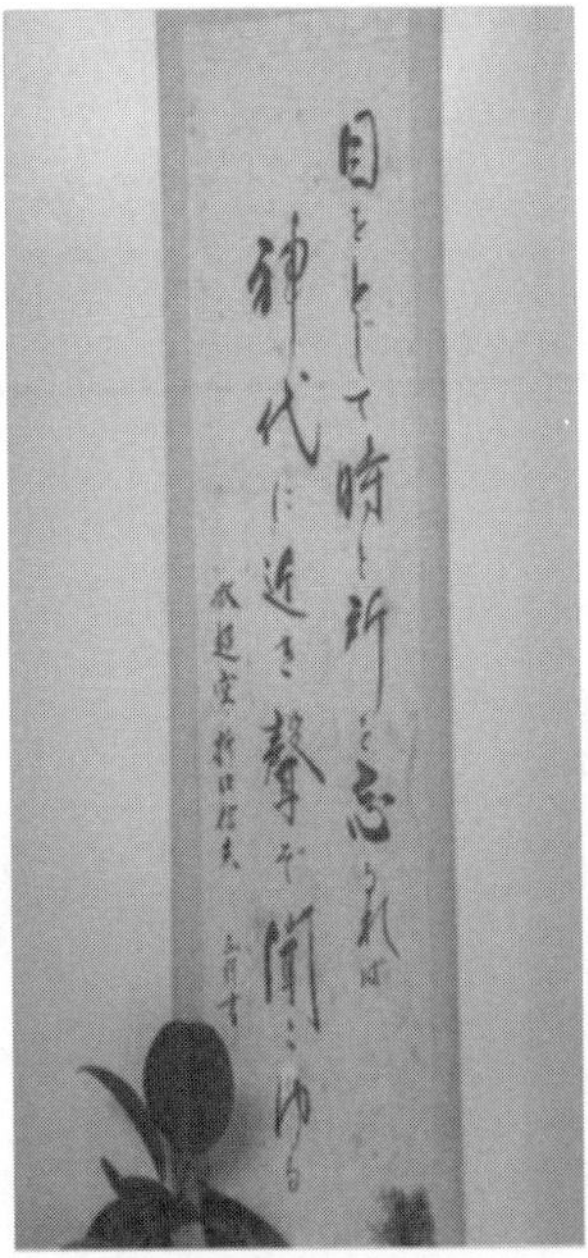

　この島は私が加藤先生と初めて訪れた沖縄の土地で、先生はもち前のペテン師口調で「あんなぁ、ここの島は神の島で、すべて神様のものだから、砂粒ひとつ、葉っぱ一枚も持ち帰ったらあかんのや」と話された。当時の久高島は今よりはるかに透明感にあふれていて本当にこの世とはおもわれない清清しい気に満ちていた。こんな場所は私にとっては初めてという感覚を感じた場所であった。その久高島の中でも、もっとも感動したのは伊敷浜である。この浜は沖縄国由来記にある五穀発祥の地とされている（注1）。その後何度となく加藤先生と訪れており、いろんな体験をした島であり、浜である。私たちが沖縄で出会い、沖縄研究を始

めるきっかけになった玉城安子氏と、加藤先生、私たちの仲間の青木真理さん達と、玉城さんの『道行の歌』をお聞きしながら歩いた浜である。その場面は今思い出しても、何かこの世とはかけ離れた静寂で清明な場面である。（加藤先生はこのときの久高島の体験はとても感慨深いものだったとおっしゃっていた）玉城さんが亡くなられた後に、私たち流の『お別れ』をしたのもこの浜であった。玉城さんは私的な交流も含めて、成巫過程を聞き取りさせていただいたこともあり、大きなものを教えていただいた、私たちにとっては大切な大切な人である。

今回、加藤先生が死去されてから私は砂浜で一人で瞑想してみる。ふと見上げた空に浮かんでいる雲が、祈っている女性に見えた。日頃から雲は『自然の投映法』しかも『動く図版』と思っている。二度と同じものが見られないできの悪い投映法の図版である（でも本当は最も優れた図版とも思っている）。折口信夫の句と重なり、『祈り』か……、と思っていたが、自然（伊敷浜と雲と、そして私の読み間違い）が私に教えてくれた！　時という絶対的クロノスと祈るという主体的行為を忘れることが出来たなら、すなわち祈り、祈り、祈り続け、祈っていることも忘れるほど祈りに没頭できれば、神の聲が聞こえる。これが祈りの本質か！と感じてしまった。そしてその感覚は『祈りとは聲を聴くことである』と言う直感的な感覚につながって行った。（漢和辞典よれば〝聲〟と言う文字は調整された音声ではなく生の音声を〝聲〟と言う）『祈り』とは主体的な行為ではないのではないか？　厳密には、主体的な『祈る』という行為を超越したときに個人の感覚・身体・存在レベルを超越したところに真の『祈り』が成立するのではないか？と感じた。それはよく言われる『魂の叫び』を聴くことなのか？『魂の叫び』なんて、そんなに容易くできるものでもないし、それを圧倒されずに（あるいは圧倒されて）聴く事ができたら、そこには自然と『祈り』が生じるのではないか?!　そう感じた瞬間にその場は加藤先生一色になり、私はその砂浜で大地の箱庭を作り始める。今回は自然と『加藤先生のお墓』が出来上がる。『お墓』を作ることで、加藤先生の現実的な『死』を実感する。作り終え、それを見た瞬間に自然に大声を上げて泣きだしてしまう。加藤先生の『死』は現実のものになり、そして加藤先生と『出会えた』と感じた。

『祈りとは聲を聴くことである』このフレーズがずっと私の中にあり、今までの臨床・沖縄研究・さまざまな聖地に惹かれて訪れた体験が何か漠然と繋がってきた。

『聲を聴くこと』『祈り』について、もう少し自分の体験を下に、このつながりが言葉にできたらと考えてみた。『聲を聴くこと』については、今までの体験から、いつでもどこでも行えることではなく、その時と、場所と、人《私》が出会わなければ熾らないのではないか？と考える。その事を書いてみよう！と思えた。

ここまで考えるようになったのは、沖縄研究から始まるさまざまな体験が大きい。

Ⅲ：祈りについて

《始まりの沖縄》

二十年前に加藤先生を中心にした『沖縄研究』が始まり、そこで得たものは、私という存在は私という一人の隔絶した存在であるのではなく、私を取り巻く自然《じねん》の中の一部であり、私が感じているものは私という身体を通して大地（自然《じねん》）が感じているという妄想にも近い感覚であった。

海に囲まれた沖縄では、自然とともに生活があり、『固有名詞のないカミが古代から横溢してい』ると言われている（加藤言）。海の向こうニーラハーラの国があり、カミはそこからやってくる来訪神であると考えられている。カミの力をこの世に引き寄せるため、カミにやってきてもらうために御獄というカミを祀る場所を作り、日常的にカミを拝する。そうすることでカミを現世に引き寄せてその力の恩恵を得る。その沖縄でいのちをかけて懸命に『祈る』神人玉城安子と出会う。玉城さんは個人のために祈るのではなく、根路銘と言う共同体のために、その土地に居を構え、決められた時・場所で代々受け継がれた『祈り』をささげ続けていた。その場に何度も同席させていただいたが、玉城さんの『祈り』はそばで見ていても個人の枠を超えて、その場の空間でさえ広がって行く斬新な感覚を感じ、『私』が透明になってしまう宙に浮いた感覚を感じ、心地よいと同時に怖さも感じた。その体験が基にあり、沖縄では御嶽を頻回に訪れた。その御獄は鈍感な私たちでさえ、ただならぬ空気が満ち溢れているのが感じられるし、場所によっては、『これ以上入れない』と感じたり、そこにいることで『自分の存在が透明になってくるように』感じたりする。こうした二十年間の沖縄研究は、加藤先生不在になっても細々と続けている。（この沖縄での体験は、『風土臨床』と『心理療法の彼岸』[3]の二冊にまとめられている）

カトリック司祭の奥村一郎は「祈りとは『神との話し合い』と言うより、神のみ前に黙すること」[4]とし、これを「オモテの定義」としている。そして「ウラの定義」として「神の語り」を「神に聴くこと」としている。そして「神からの語り」はいつも「ことばによる」ものではなく。「できごと」を通して届くことがあるという。[5]そしてその「できごと」は福音書には数多く書かれているという。キリスト教という確固たる祈る対象を持っていない私であるが、私の体験はこういうことなのかと思われた。私は自分の体験として、いくつかの場所で、大地とのつながりを感じたとき、その「できごと」を通して聲が届く（わかる）のではないかと考えてしまう、ある意味妄想的体験を重ねてきた。いくつかの『聖地』と言われている場所に惹かれて往き、いろんな「できごと」を体験した。その「できごと」を書いてみたい。これらの出来事は、私のとってはまさに「神からの語り」を持って「聴けた」体験になっている

《アッシジの体験》

二〇一〇年にイタリアのアッシジに訪れた。ウンブリア州のスパジオ山の斜面に広がる町で、フランシスコ会の創立者聖・フランチェスコの生まれた街であり、聖フランチェスコ大聖堂には彼の遺体が安置されている。また聖堂には多数のフレスゴ画方で壁画が描かれており、ジョットにより聖フランチェスコの生涯を二十八枚の絵にして描かれている。有名なフランチェスコが小鳥に説法した絵もある。聖フランチェスコは、裕福な家庭に生まれ放蕩息子だったという。病をきっかけに天啓を受け、全ての身分と財を捨て、教会の建て直しを目指して托鉢をしながら清貧の暮らしをしたという。彼が瞑想した、小鳥のさえずりが良く聞こえる「カルチェリの庵」にも足を伸ばしてみた。確かに静寂で静粛な空気ではあるが、観光客が多いのもあるのか、私にはそれほど感動はなかった。その後大聖堂へ戻り、フランチェスコの人生の軌跡をたどるような展示物を見ながら最後に地下室に入った。

その地下に聖フランチェスコの遺体が安置されている。そこへ入ると大勢の信者さんが跪いて真剣に祈っている。その中で一人の欧米人女性が涙を流しながら、柩に抱きついて祈る、というより、懇

願しているようにも見える姿に私は圧倒された。こんなにも『祈る』対象がしっかり目の前にあり、何の迷いもなく、人の目も憚らず『祈り』に没頭しているなんて！

私はその『祈る』姿に感動してしまう。その聖地は、物見遊山の人も含めて大勢の人で踏みしめられているが、それでもなお、聖人の遺体が目の前にあり、その一人の女性からは一直線に鋭い『祈り』の力を発せられていて、傍で見ている私には、その力は『光』となって見えてしまった。まるでローマの『サンタ・マリア・デッラ・ヴィットリア教会』（注2）の『聖テレサの法悦』像のように！　この聖テレサは十六世紀のスペインのカルメル会の創始者と言われている女性で、いろんな神秘体験を経験した女性で、この『聖テレサの法悦』は、天使に心臓を突かれる幻視体験の像と言われている。その時の法悦の表情（オルガズムの表情とも言われている）が有名であるが、私はこの表情よりその背後にある天上の窓から差し込む黄金の光そのものが、強い印象で残っている。その光は人と何かのつながりを既視化したものであろうし『聖テレサの法悦』の場合は明らかに上から下への絶対なる力が降り注いでいることを表現したものであろう（聖テレサは自分の身体が浮遊するという神秘体験をしたとも言われている）。アッシジ女性の場合は、女性の力強い『祈り』が凝縮され天に届いていることが私に見えたのであろう。『祈り』の力であろう。『祈り』に心底没頭している彼女の個人的な肉体的存在はなく、時間も空間もそこは異なるものであった。いろんな教会で御聖体を見たときにも、いつもこの黄金色の光の線が見られるが強い印象でその光そのものが力を帯びて見えたのはこの二つの映像である。「真の祈りとは、[5]（中略）全人的な神への信頼に生きる人間の赤貧の魂に流れる髪のいのちの脈動なのである」と奥村は言っているが、まさにその脈動が見えた像である。

《ラ・ベルナ》

二〇一三年にイタリアのフィレンティに「復活祭」を見に行った。「復活祭」そのものは、スコッピオ・デル・カッロ（Scoppio del Carro）という行事が中心である。その行事は中世の衣装の男女の行列が、白牛を先頭に五メートル程の山車をドゥオモ広場まで運び、祭壇と山車がワイヤーで結ばれ、白鳩が飛び、火薬や爆竹がはじけると言った現代的な祭りそのものであり楽しめはするが、さほどの感動はなかった。私にとっては、前日までに見て回った教会のキリスト像に白い布が架かり、存在の不在が示されていたのが興味深かったのと、その状況である教会でモーツアルトの『レクイエム』を聞いたのが感動的だった。

その旅中で同行した、ロンドン在中の西村君の道行きで「ラヴェルナ山（Monte della Verna）」に行くことになった。トスカーナ州とウンブリア州の境にあり、非常に不便なところに在る。私たちは慣れないレンタカーで苦労しながら行った（どの聖地も行くのに苦労する……）。私はその場所をまったく知らなかった。道先案内人の西村君（ロンドン在中・タビストック研究所）に「絶対に行った方がいいですよ」と励まされ、何とか長い坂を登りたどり着いた場所である。そこは聖フランチェスコが晩年（一二二四年、死の二年前）に籠もり、祈りの最中にキリストと同じ身体の部分に聖痕を受けた場所であった。アッシジでの体験もあり、私はにわかに興味を覚えた。フランチェスコが瞑想をしていた場所があるという。急な地下への階段を下りていくと、そこは大きな岩肌と岩肌との間にできた小さな空間があり、あたりは薄暗く、頭上から光が差し込んでくる。そこはまったく沖縄のセイファー御獄と同じ構図で同じ空間であり、同じ空気である。ギリシアのアポロンの神殿に行ったときにも、「思えば遠くに来たものだと！」と思いながらも、どこか近しい、懐かしい感覚を感じてしまう。石文化と言うこともあるのか？「沖縄と同じ」と感じてしまい同行のものとも同じ感覚を分かち合った。どこかで繋がっているのだ。このつながり感を感じたためか、自分の中で急速にその場との一体感が広がっていく。（この大地との一体感については『風土臨床』第2章参照）

フランチェスコは四十日間断食をし、キリストと同じ苦しみを味わおうと懸命に『祈り』を捧げていたという。その『祈り』、苦しみのなかで、六枚の羽を持つ最上級の熾天使《してんし》が現れ、彼に光が放たれキリストと同じ傷が手足とわき腹にでき、血が流れるのを感じたという。そう『聖痕』が授けられたという。そしてこれが歴史上最初の聖痕とされている。聖痕とは、身体の外部から熾ってくるものではなく、精神性に満ち溢れた、懸命の「祈り」によって身体の中から熾ってくる不思議な現象である。このときの様子がラヴェルナ修道院に絵画として描かれている。

このフランチェスコの『魂からの叫び』はわが存在をキリストと同じように聖なる存在に高めたいというものであり、生涯をかけた『祈り』という形で凝縮され、その祈りが『聖痕』として彼の身体そのものをも変化させる！こうしたいわゆる「奇跡」が起こった土地は、伊敷浜と同じ神聖な透明感のあふれる土地であった。この『魂からの叫び』はおそらくフランチェスコ個人、人間一人の存在を超えたものであろう。その『魂の叫び』は大地とのつながりの中で発せられ、受け止められる場があって初めてその叫びは聲になり真の『祈り』となるのではないだろうか？

その大地には野生のクリスマスローズとサフランが大地一杯に咲いていた。この地に身をおいた感覚は私の中に「清らか」なものとしていつまでも新鮮な感覚として残っている。

《アイラ島の不思議な出来事》

「スコッチウィスキーの醸造所に行きたい」と言うきわめて煩悩に満ちた動機で、アイラ島に行った（村上春樹の『もし僕らの言葉がウィスキーだったら』[6]という本を読んで）。ずっと興味を持っていたケルト文化に触れたい、ケルト十字架も実際に見たいという思いもあり、アイラ島からアイルランドに行き、ダブリンのトリニティカレッジの『ケルズの書』も見に行くことにした。

大きな町、グラスゴーからフェリー乗り場までレンタカーで走り、海からアイラ島に到着。噂通りどんよりとした空模様で、この曇天がウィスキー作りに必要な泥炭・ピートを育むのだと、醸造所で説明を受ける。ピートはこの土地の堆積した野草や水生植物が百年以上の時間をかけ炭化したもので、その土地の特有の香りと味わいがあるという。まさに大地の香味である。醸造所で、ウィスキーの作り方を教わる。ボウモア醸造所では今も丹念に手作業で作られていて、大麦を麦芽に変え、麦芽を乾燥させるための燃料としてこのピートが使われ、アイラ・シングルモルトウィスキーの独特の臭い（私には正露丸のようなにおいに感じられる）と芳醇な味わいの美味しいシングルモルトウィスキーが造られ、それを味あわせてもらう。実に大地の香りのする独特な美酒であった。一日目が終わった夜に私は不穏な動悸がし始める。ここで心臓発作を起したって、こんな小さな島に病院はないだろうと不安な夜を過ごす事になる。

次の日、再びウィスキーの醸造所を巡る。こんな煩悩を満たす間に、この島のスタンディングストーンやストーンサークルも見て回る。ここのストーンサークルも何のために作られたかは定かではない。でもストーンサークルに行くと不思議にその中心部に自分が居たいと感じてしまう。夏なのに、醸造所を外れた場所では、まず人とは会わない。異空間に訪れた感覚がする。そこからフィンラガン湖の城跡を見ようと車を走らせ、車道から島の中部の湖まで歩く。周りには羊が草を食んでいる実に穏やかな光景が広がる。ビジターセンターを見つけ入ろうとすると、時間前なのか閉まっている。仕方なく時間をつぶすために他を回ろうと来た道を戻ることにするが、他を回るほど時間がないことに気づき再び同じ道を目的地に向かう。するとビジターセンターは開ていて、中年のきれいな女性がすでにいるではないか！　どこですれ違ったのかな？　いや近くに住まいがあって違う道で来られたのかな？とあまり考えないことにした。その建物の中は明るくてすがすがしい空気に満ちている。音楽がかかっている。その音楽があまりに素敵で「今かかっている曲のCDはありますか？」とCDを買うことにする。Norma Munroの「The Rose」という曲。その後湖畔の城壁を見て、もう一つの旅の目的であるケルト十字架を見に行く。キルニーヴの教会跡にあるキルダルトンクロス（Kildalton Cross）である。九世紀に建てられたものであるが、ケルト十字架としては野ざらしなのにかなり状態が良く、見応えのあるものでそこは不思議議な不思議議な空間であった。その後も醸造所見学をし、おいしいウィスキーを飲ませてもらい、すっかり満足してご機嫌でホテルに帰る。存在感のある女性オーナーが「あなたに手紙が届いている」と渡されたのは、ビジターセンターの女性からの手紙と十ポンド札一枚。読んでみると私が支払ったときに新札の十ポンド札がくっついていたから、一枚をお返しすると言う内容だった。私たちは『なんて正直で親切な人だろう！』とすっかり暖かい心持ちでホテルのバーでシングルモルトウィスキーを飲んでいた。満たされた気分だった。しかし私たちは同時にえっ？と気づく。どうしてこのホテルが分かったのだろう?!と。この島はホテルも少ないからだろうと気を落ち着かせようとしたが無理であった。百件近くの宿泊所があるのだ。それに私たちはどこから来たとか、どこに泊まっているとか自分たちの話は何もしていない。泊まっていそうないくつかのホテルを探してくれたのだろうか？と私たちはいろんな可能性を話し合ったが、どう考えても辻褄が合わない。その時なぜか自然とあの女性は魔女だったのだと考えることにした。そういえば『西の魔女は死んだ』の魔女役のサチ・パーカーにそっくりだったねと。そう考えると不思議な一日が自分の中で納得できる。ここはスコットランドなのだ。土地が長年積もった泥炭を育て、それを利用して、人が丁寧にウィスキーに仕立て上げる。土地が熟成を生み出す。この土地でしか作れないウィスキー作りは所作を伴った『祈り』と関連しているなと感じていた。こんな土地に魔女が居たって不思議ではない。

《ルルドでの体験》

二〇一六年八月にかつてより念願だったフランス・ピレーネ山脈の麓にあるルルドへ行ってきた。私はどうしても訪れたい場所のひとつだった。ルルドは一八五八年に聖少女ベルナデッタ（注３）の前に十八回にも渡って、聖母マリアが現れていろんなお告げをした場所である。九回目の出現のときに聖母マリアにいわれたとおりの場所を掘ってみると、泉が湧き出て、その水により不治の病の病人が癒されるという奇跡が起こったルルドの泉で有名なところである。それ以来全世界から巡礼者が訪れ、今では不治の病とされる人が奇跡を信じて巡礼する『祈り』の場所になっているという。この実話を知ったときから、強くこころを惹かれた場所である。

全世界からの巡礼者を受け入れるために、パリに継ぐ数のホテルが立ち並び、先訪者からは「ラスベガスみたいな所ですよ」と言われていた。実際にネオン満載のホテルとみやげ物店が立ち並びそこだけを見ると俗世界の極みである。でもルルドの駅に着いた私には、何か強い確信でここは違う!と感じていた。「ラスベガス」みたいな道を通り抜け、聖域(サンクチャリ)に一歩足を踏み入れると、その感覚は正しかったと分かる。そこは異空間である。

大きなバジリカ・ロザリオ大聖堂の壁に沿って進むと、マッサビエルの洞窟があり、そこにルルドの泉がある。長い行列ができるらしいが、私が行ったときにはすんなり泉にたどり着けた。大きな岩の切れ目から滾々と清水が湧き出ている。今は触れられないようにガラスの覆いがしてあり、実際には触れられない。大きな岩伝いに半周すると、岩の切れ目から水が染み出ている。皆がその染み出た水を手に触れて、回っていく。近くに泉の水をいつでも誰でもが汲めるように蛇口がつけられた水汲み場があり、自由に水が飲めるし、汲むこともできる。一口、口に含むとどんな水より透明感があり、それでいてふくよかな味がするし、身体があらわれるような感覚もする。少し離れた場所では沐浴をすることもできる。実際に多くの人が沐浴のための着替え場所に並んでいる。

私は、清明なポー川(この川は伊勢神宮の五十鈴川とそっくりであった)を渡って芝生のミサが行われているところへ行こうとした。神父さんの祈りの声とグレゴリオ聖歌が明るい芝生の大地に響いている。芝生には、車椅子の方々を最前列にし、祝福を受けようと多くの人がゆっくりと待っている。ベンチや木の根っこにはいろんな国から訪ずれた人達が自由な格好で座って一緒に祈りの言葉を口にしている。そういう中を御神体がずっと行進していき、その場にいた者たちを祝福してくれる。祈りの終わりには、知らない隣人と握手する! 何と言う平和なひと時か。私はこの場に身をおいたときに、自然に涙が流れた。

夜の九時ごろから「Torchlight Marian Procession」（ローソク行列）が四月から十一月まで毎晩行われている。何人も参加できるその行列に、行灯のようなローソクを買って参加した。明るく照らされた十字架とマリア像を先頭に、聖域の中をずっとバジリカ聖堂まで約一時間半かけて、行列が祈りながら歩いていく。三々五々世界中の人々が何千人と集まってきてその行列に自由にどこからでも参加する。ドンドン大きくなる祈りの行列は最後に大聖堂の前に到着し、そのまま、そこでミサが行われる。大聖堂の最前列には、身体の不自由な方、病気を患った方が車椅子に座り待っておられる。そこに集結した祈り人は、全員行灯を手にしてその行灯を高々にさし上げ「アヴェマリア」を歌い「祈り」の言葉を口にする。闇夜に照らされる無数のローソクの明かりと、皆の「祈り」が高らかに凝集される！不思議な空間になり圧倒される。この一体感、皆兄弟！であり、本当に祝福されている！と感じる。人種、宗教をはるかに超えた人との繋がりであり、このときの、ここでの「祈り」は個人のレベルにとどまるものではなかった。魂が一体となり天空に届くそういう感覚である。まさに奇跡が起こった土地と、神の象徴（御神体、神父さん）、祈るという信仰の所作、祈る人が一体となって「祈る」事で、そこに壮大な「祈り」のパワーが沸き起こって来、何かを生み出すのである。この体験はトランスパーソナルな体験そのものであった。このときロマン・ローランが言う『大洋感情』とはこういう感情なのだと思った。ロマン・ローラン(7)が言う「大洋」とはまさに海をさしているのだが、彼は全ての川の源流では岩肌の割れ目からから水が沸き、その水が傾斜に沿って流れて行き、大きな海になる。その海の水は蒸発して海から天上に行き、また大地に振りそそぎ、川の源を養う。その大地の現象は、人間の魂と同じもので、「東洋と西洋との協力、理性と直感との協力」として、全ての宗教はこの「大洋」に浮かんでいる、いや包括されているといわれている。このルルドでは、そういったことが身体感覚としてはっきり感じられる体験であった。

Ⅳ：土偶との出会い、土偶について

昔から、ヴィーナスや土偶について興味があった。二〇一〇年に滋賀県の三保ミュージアムで「土偶・コスモス」と言う展示があった。なんとも魅力的な題材である。果たして実際に言ってみると『縄文のヴィーナス』『仮面を付けた土偶』と言った興味深い土偶の中に『合掌土偶』と言うまさに祈りをささげている土偶があった。

この土偶は青森県風張1遺跡で出土され紀元前一三〇〇年頃のものとされている。（竪穴住居の壁際付近から割れて発見され、祭壇のような施設から落下したと推定される）

国家が生まれる遙か昔の縄文時代、自然の中で生活をしていく中で「確かに気配はあるのに姿をとらえられない『ナニモノカ』を表現したものが土偶の始まりと考えられている」（小林達夫[8]）。この『ナニモノカ』はまさに精霊であろう。そこかしこに精霊を感じながら生活している時代に合掌と言う祈り（祈りを意味しているのかどうかは定かでない）の仕草をしている土偶があるということは、『祈り』の仕草は原初的な人間のポーズであり、過酷な大地の中で生活していると、ただただ手を合わさざるを得ない、すなわち合掌せざるを（祈らざるを得

ない）得なかったではなかろうか。これらの土偶は縄文人の世界観を如術に表すものであり、実際に生活道具として使用された壺などとは区別され、祭祀に使用されたものとして「第二の道具」（小林達夫[9]）とされている。

そもそも土偶は両性具有的なものや、性的な意味合いからつくられたものとする見解もある。縄文人にとっては太陽が出没したり・自然が移り変わったり・人間が操作できない大自然の神秘・驚異を感じていたであろう。それだからこそ祭祀は重要なものであったと思われる。また一方で私には土偶は性の象徴であったと思われてならない。精霊の驚異を感じながらも、主人公はあくまでも人間である。そういった神秘の自然環境の中で唯一人間自身が何かを生み出せるものとして性をとらえていたのではないか？　性そのものは人間が自らが生み出せる神秘の力（エクスタシー）を感じられ、実際に人を生み出すことが出来る。それを土偶と言う形で豊穣の象徴としてきたのではないか？　まさに人間を生み出している出産のシーンが壺になっている土偶もある。[10]

土偶は豊穣の象徴である地母神であるという説が多いが、また一方で、小林達夫は「安易に『安産』や『豊穣への願い』などには結び付けられない」とし、縄文人の世界感として、人間を超越した力を感じており、その「現象世界の背後に直感した不可視の精霊のイメージを彼ら（縄文人）なりに、精一杯形而下の世界へと持ち帰った結果」として、土偶は精霊の姿ではないか？としている。[8][9]

こうした神秘の力を「精霊」とし、それを形而下するものとして日本では山・太陽・樹木等が御神体として拝められてきた。それは人間が大地とのつながりを強く意識したものであり、生きていくためにはそれらとのつながりを強化せざるを得なかった。と言うよりむしろ本当に大地とのつながりを感じながら生きていたのではないか？

精霊は時代の進化とともにその存在は軽く扱われるようになって来ている。そしてそれと変わるものとして科学の進歩があり、科学的には精霊は否定されてきた。しかし、沖縄研究を始めとして、各地の土地の力を感じるような体験をしているとそこではどうしてもこの精霊的なものを感じざるを得ないし、その力に対して『祈る』事をせざるを得ない。いや、祈ることでしか向きあえないともいえようか。その祈りは畏敬の念、懇願、期待、許し、救いを求める等という感情に限定されること無く、自然に手を合わせる「合掌」なのである。根源的なしぐさであり、姿勢であり、所作なのではないか？

奥村[11]も『身体の姿勢が祈りの心を作る』としている。

この「祈り」のしぐさを見事に表現している高田敏子の詩「浅草観音[12]」がある。

神さまや　仏さまが
ほんとうに　いらっしゃるか　どうか
でも　あの合掌したときの安らぎは
どこからくるのでしょう
右の手の悲しみを
左の手が　ささえ
左の手の決意を
右の手が　うけとめる
その上を　流れる　静かな時間
こうした姿勢を教えてくださったのは

どなたでしょう……（以下略）

V：聴く事（心理療法の実践場面で）

心理療法の実践を行ってきて、面接室での時間は、日常生活からの延長線上にありながら、日常生活から切り離された空間であり、現実的な時間の経過とは違う時間感覚のある異空間である、と感じる時が時々ある。一生懸命に聴いているのだが、クライエントが話される事を事柄（もちろんその事柄に織り込まれたクライエントの感情も含めて）として聴くだけではなく、聴いているうちに話されている事柄の中に、カウンセラーである私が入り込み、自分もともに体験しているかのように感じるときがある。そのときには、面接が終わってから、何を話されていたのかは詳細には覚えていないことがある。記録と言う文字には起せない。それでも私の中では明確な体験としていつまでも息づいている。この現象は何だろ？と考える。こういう体験をした臨床家は多いのではないだろうか？

そういった体験を通して心理療法では『語られる』内容ではなく、『語られること』、『語られる内容』に伴って再現される『何か』（それを『聲』と表現してもよいものと考える）そのものが、心理療法のなかで意味を持ってくることがあるのではないか？と思うときがある。語られる内容が取り上げられ、クライエントのストーリーを整理し、そのストーリーを共感的に理解すること、そしてその「語り」に集約されたもの、そこに隠された無意識的なものを一緒に観ていくことが心理療法の本質であり、そのことには何の疑問もない。しかし時々クライエントが面接室で、意味がある『語ること』（表現すること）が出来ず、一つの道筋で『語ること』が出来ず、リゾーム的にこんがらがり『う～ん、わかりません』『それでも……』という一言のときもある。その言葉にこめられたものは、おそらくクライエント自身もわからないのであろうが、その言葉はそれまでの面接の中で治療者とクライエントが一緒に紡ぎだしたものであり、一緒にその言葉（言葉にならないもの）を聴き続ける。そうすると、クライエントの言葉になった「声」を超えた『聲』になるのではないだろうか？　この作業をあきらめず、逸らさずに、懸命に続けるとき二人の場に『祈り』の空間が出来るのではないのだろうか？　それは何かを懸命に目指し、そのことに向けてカウンセラー、クライエントが真剣にこころ（魂と言っていいのか？）からその行為を行う、居続ける、あり続けることそのものが『祈る』事と同等の意味を持つのではないだろうか？

ある統合失調症のクライエントが面接で、苦しめられ続けている妄想、ご自分も圧倒される幻聴（ご本人も『幻聴』と言う名前を与えることで距離が取れると言っておられる）の内容を語り出された。その幻聴はストーリー性を持ったものだが、何本もの筋があり、内容も拡散していき、こんがらがっており、よく理解できないものであった。その時に私は「この方の幻聴がこの方に伝えようとしているものは何なのか？　根底にはどういうメッセージがあるのか？」を懸命に聴こうとしていた。決して整理できるものではなく、カウンセラーの言葉として返せるようなものではなかった。聴こうとすればするほどよくわからなくなって行き、深い杜の中に入ってしまっている感覚を覚える。それでも聴くことしかできないし、聴き続けようとしていた。そうすればするほどクライエント自身も『よくわからなくなってきた！』と言いながら『司教の声が……etc、あぁなんか祈りの場みたい……』とぽつんと語り、その後に『ちょっと、楽になって来ました』と言われる。

その方は、熱心なクリスチャンであるが、「神については直接語れない」ものとしていつも扱いあぐねておられる。神に近づこうとして彼女は実際に毎日「祈り」を早朝にするという。しかし同時に「祈ったらダメ！　何も考えるな」と言う幻聴が聞こえて「祈り」は遮断され、「神に近づけない」と言われる。そしてその苦しみから逃れるためには彼女が到達したのは「透明人間になるしかない」と。「透明人間になって自分の存在を消すしかない」と語られた。「透明人間」は確実に存在感を持った彼女自身である。そしてこのときに、クライエントの語りがその方に中から出てくるというより、その時のその面接室でその語りが生まれて来る。それを治療者が同じ感覚で味わう。それが聲を聴くこと（一緒に味わう）ではないだろうか？　それ以来、その方は、透明人間の往く末を一生懸命考えておられる。

自分という自我を捨て、透明な存在になれたときに、大きな力（それを神と言うのかも知れないが）がそこにあることが感じられるのではないだろうか。この自分をすてると言う体験は、私が若い頃から魅力を感じている夏目漱石の『則天去私』と言う言葉と通じる。『則天去私』とは私の理解では自己（我執）を越えて天命（物事の道理に従う）に逆らわない態度、状態である。そうなるためには、主体という自我を働かせるのではなく、自我の働きを残したまま（これがないと、発病と言う状態になってしまうのではないか）、大きな力を感じ、己を委ねる体験が必要なのではないか？

彼女の妄想は、彼女の「魂からの叫び」であり、それが今はただ『妄想』として形作られ、その「妄想」に正面から取り組むことで、『祈り』を生じさせている。面接場面を「祈り」の場にするためには、面接室に「祈り」が生じるためには、治療者が大きな枠組みで面接を、日常生活から切り離された面接室を、面接時間を自分の体験からひろげてとらえられるかどうかでは無いだろうか？

私が沖縄研究や、その後の聖地訪問では土地とのつながりを強く体感した感覚が土台になって、面接室でも部屋という空間が、箱庭という大地との開口口が広がっていく。大地とのつながりを感じている治療者がそこに在ることで（妄想的かもしれないが）聲が聞こえるのようになるのではないか？これは実際の聴覚として音声が聞こえてくるということではなく、『わかる』ということ、共感ということの本質なのだろう。その大地・森羅万象とのつながり、あるいはその背後にある力とのつながりを感じたと思うとき心の中で合掌（祈り）せざるを得ない。祈らざるを得ない。

心理療法と祈りについては、時間の経過とともに思索も深まり、広がり、感覚も変わってくる。「祈り」と言う視点で心理療法をとらえると治療者の自分が何を成しているのか、心理療法とはいったい何なのか？もっと考えて行きたいと強く思う。

Ⅵ：終わりに

加藤先生と生前に交わした約束がある。先生に「先生が亡くなられたら、死後の世界がどんなところか？チベットの『死者の書』は正しいのか？　必ず教えて欲しい。どんな形でも構わない。夢ででも教えて欲しい」と言うと、先生は『分かった。そうするわ』と言ってくださったのだが、先生の死後三年を経過した今、私の夢には現れてくれるのだが、まだ一度も死後の世界にまつわる事を語りかけて下さったことがない。ずっと待っているのに……。加藤先生らしい。ちっぽけな私にとっては、加藤先生との会話や旅といった体験そのものが大地とのつながりを感じたり、霊的なものに触れたり、カミを考えたりする、壮大な『祈り』の空間に導いてくれるものであった。『祈り』については、まだまだわからないことだらけではあるが、わからないからこそ、考え、感じ、祈り続けていこうと思う。加藤先生との出会いが私にもたらしたものである。
加藤先生、約束は守ってくださいね！

【引用文献】

（1）「風土臨床」青木真理編　2006　コスモス・ライブラリー
（2）「おきなわ　神々の伝説」　永田昌明　著　わらべ書房
（3）「心理療法の彼岸」青木真理・山本昌輝編　コスモス・ライブラリー
（4）「祈り」奥村一郎　1974　女子パウロ会 62p
（5）「祈り」奥村一郎　1974　女子パウロ会 64p
（6）「もしも言葉がウィスキーであったなら」村上春樹　2012　新潮文庫
（7）「ロマン・ローラン全集（15）」宮本正清訳　1880　みすず書房
（8）「縄文の力」小林達夫監修　2013　別冊太陽（日本のこころ -212）
（9）「縄文の思考」小林達夫　2008　ちくま書房
（10）「土偶・コスモス」MIHO MUSEUM 編　2012　羽鳥書店　51p「出産を表現した土器」
（11）「祈り」奥村一郎　1974　女子パウロ会　87p
（12）「浅草観音」　高田敏子　『月曜日の詩集』より　2004　日本図書センター

注１：久高島に住む白樽夫婦（シマリバーとアカツミー）が食物豊穣と子孫繁栄を神に祈ると、五穀（七種類）の種子が入った壷が流れ着き、それが五穀の発祥となって農作物が豊かに実り、子孫が繁栄したといわれている。（「おきなわ　神々の伝説」２）

注２：一六二六年にシピオーネ・ボルゲーゼ枢機卿の命により建てられた教会でイタリア・バロックのジャンロレンツオ・ベルーニ（1598～1680）の作品がここにある。
注３：聖少女ベルナデッタは「私が貧しくて無知だったので、マリア様が私の元に現れたのだと思う」と述べている。

第8章　心理療法における祈りと救い

橋本朋広

1. 心理療法における祈りと救い

心理療法は苦しみからの救いを求める心から始まる。自分ではどうしようもない苦しみに直面する時、あるいはそのような苦しみに直面している他者に共感する時、われわれは自己や他者の救いを求め、自分でも何らかの突破口を見いだそうとする。しかし、われわれは常に心のどこかで自己の無力さを痛感しているため、救いを求めるわれわれの思いの根底には、常に超越的な力による救いを願う祈りの心が含まれざるを得ない。クライエントが心理療法を求める行為も、自力を超えた他力を求める動きと見れば一つの祈りと言える。このような意味で、心理療法の根底には祈りの心がある。

心理療法における祈りには三つの祈りがある。一つはクライエントの祈り。それは自分の救いを願う思いであるが、親であれば子どもの幸せを、子どもであれば両親の幸せを願うように、そこには他者の幸せを祈る思いもある。もう一つはセラピストの祈り。それはクライエントの救いを願う思いであるが、そこには、単にクライエントの救いだけではなく、その家族などクライエントを取り囲む人びとの救いを願う思いもある。また、セラピストの祈りには自分自身の救いを祈る思いもある。すなわち、セラピストは、クライエントが主体的に生きられるようになることを願い、だからこそ「来談者が人生の過程を発見的に歩むのを援助する」[1]職業である心理療法を志したのだが、その願いの根底には自分もそういう人生を生きたいという願いがある。このように、心理療法の根底にはクライエントとセラピストの祈りがある。祈りは、自分の救いを求めるだけではなく、他者の救いを願う。この側面があればこそ、クライエントは自己愛的な執着を超えて他者と共に生きる道に開かれ、セラピストは真にクライエントの発見的な歩みを尊重できる。

さらにもう一つ、クライエントとセラピストの祈りを超えた第三の祈りがある。それは人類の祈りともいうべきものである。すなわち、心理療法を人間が発見的に生きるための方法の一つと考え、人びとのためにそれを利用しようとしているのは、まさにこの時代を生きる人類である。人間は自分が一つの時代を生きていることを自覚しつつ、時代を生き抜くことの大変さを実感し、その実感を通して共に同時代を生きる他の人々の苦しみに共感する力を持っている。それゆえ、自分を救う方法を求めると同時に、みずからが発見した方法を他の人のために役立てようとする。心理療法の個々の技法は確かにフロイトやユングといった偉大な個人によって発見されたのかもしれないが、心理療法という活動を本質的に成り立たせているのは、偉大な学説や実証的なエビデンスなどではなく、自己の救いを求めると同時に他者の救いを願う人々の祈り、すなわち今を生きる人類の祈りである。もしセラピストの祈りが単に自分の会っているクライエントの救いだけを求めているなら、どれほどクライエントを思っていたとしても、そこには自己愛的な要素が忍び込み、祈りは真の意味での他者のための祈りにはならない。しかし、心理療法を根拠づけているのが人類の祈りであると自覚すれば、セラピストは、自分が人類の祈りに支えられていること、その祈りに相応しい仕事をすべく求められていることに気づく。このように考えると、われわれは責任の大きさに圧倒されそうになる。しかし、それでもなお文化的・歴史的遺産として残されている人類の救いの知恵と対話を重ね、自分に何ができるのかを謙虚かつ真剣に考えていくなら、セラピストの祈りは人類の祈りに根拠づけられ、真の意味での他者のための祈りに近づいていくと考えられる。

心理療法は三つの祈りに導かれながら展開し、その過程のなかでクライエントは救いの体験をする。つまり、自己と他者の救いを願う祈りの心は、心理療法を導きながら具体的な救いの体験をもたらす。では、祈りという、それ自体は可能性への期待にとどまっている状態が、具体的な救いの体験という現実の状態にどのようにして到達するのか。

祈りは救いを願う心から生じるが、救いを求める心は苦悩から生じる。心理療法の原点には苦悩がある。お母さんから離れたくないのに離れなければならない。大学合格を目指して勉強してきたのに失敗してしまった。愛する人を失ってしまった。クライエントはこれら様々な苦しみを抱えて来談する。とはいえ、じつはこれらの苦しみは人生の必然である。なぜなら、生きている以上何かを欲望せざるを得ない人間は、満たされない苦悩を必ず体験しなければならないからである。かといって筆者は、望みを得ようとすること自体が苦の元凶であるとか、欲望を捨てるべきであるとか唱えるつもりはない。望みを実現するために努力すればこそ素晴らしい成果ももたらされ、成果を得た喜びも体験される。得られないものを得るため必死になることも苦から解放されるための一つのやり方である。しかし、それだけでは、人は炎のような獲得への欲求と焦燥感に永遠に駆り立てられる。満たされない苦悩をどうするのかという問題はどうしても残る。そこで、苦しみを包み込む発想が肝心になる。すなわち、苦しいけれど人生には意味があるのかもしれない、苦しいけれどどこの苦しみを抱えながらこの世界で何とか前向きにやってみようといった人生観や世界観である。そういう人生観や世界観が持ててこそ、人は、きっとまた苦しいことがあるかもしれないが何とかやっていけそうだという手応えを持つことができる。

苦しみを包み込む発想は、心理療法の実践の本質に関わる。クライエントは苦しみを語るが、セラピストは苦しい話を聞いているのでどうしても苦しくなる。そうすると、セラピストはついその苦しみから逃れたくなり、悪いことばかりでないよとか、きっと良いこともあるよとか言って、クライエントの苦しみを軽減したくなる。ここには他者の苦しみへの共感があり、それゆえその苦しみを取り除こうとする動きがあるが、その根底にはセラピストが共感を通して直面している自分自身の苦しみを軽減しようとする動きがある。これは苦しみから逃れようとする動きであって、これを続けていては苦しみを包み込む発想は生じない。心理療法にとってまず大事なのは、共感を通してセラピストが苦しみに直面した時、そこに踏みとどまることである。いま苦しいところだろうけど一緒にいるよ、そしてこの苦しい状況をどう生きていったらいいか一緒に考えようという立ち位置を取るのである。

例えば不慮の事故や災害で親を失うなど、非常につらい喪失を経験した子どもが、プレイルームでもちゃくちゃ暴れたり、セラピストを激しく攻撃してきたりすることがある。そういう時われわれセラピストも、プレイルームが壊れないか不安になったり、激しく攻撃されることに腹が立ったりする。しかし、だからといって、乱暴はいかん！などと怒鳴って遊びを中止させたり、人を傷つけるから殴ってはいけないなどと説教したりはしない。そのかわりセラピストは、何よりもまず自身の想像力を助けとして苦痛な状況のなかに踏みとどまる。この子はいま理不尽な世界へ怒りをぶつけているのではないか、どうしようもない悲しみを受けとめきれずにセラピストに向かって投げ出しているのではないか、プレイルームとセラピストは悲しみの器として機能できるか試されているのではないかなど、いろいろ想像しながら子どもの激しい表現を見守る。そうやって思いをめぐらしていると、悲しみのあまり世界だけでなく自己自身も破壊しそうになっているクライエントが見えてきて、ふと暴れるクライエントを抱きかかえたり、あるいは、セラピスト自身のなかに深い悲しみが生じて、ふと「とっても悲しいんだね」という言葉が出てきたり、セラピスト自身も思いがけないような関わりが生まれてくる。このような関わりのなかでクライエントは、苦しくてもうダメかと思ったけど自分はダメじゃないかもしれない、自分はむちゃくちゃだったけどこの人は一緒にいてくれそうだ、苦しいけどこの人と一緒なら何とかなるかもしれないという体験をし、その体験の積み重ねによって、世界は冷たく理不尽と思っていたが信頼できるかもしれない、苦しくても信頼できる人とならなんとかやれるかもしれないという感覚をつかむ。

このような感覚をクライエントがつかむと、心理療法は創造的になる。自分が何をしてもセラピストは見てくれていると思うと、クライエントは、いっちょ面白いことやったろかという遊び心を持つ。そして、それまでむちゃくちゃしていたのが、砂場に水を撒いて水たまりを作ったり、恐竜を持って棚に置いてある箱庭のアイテムを蹴散らしたりするようになってくる。セラピストは、そういうわずかな変化のなかに、何かが創造される予感や、直接的な怒りの感情が恐竜という対象に客体化されてくる様子などを読み取り、「すごい水たまりができたなあ」とか、「暴れまくっているなあ」とか応じていく。クライエントは自己の表現を歓迎するセラピストの態度を見て、自分は自分のままでいいんだ、自分は何を表現してもいいんだという感じを持つようになり、もっと面白いことをやってみようと思う。そして、「いいこと思いついた！」などと言ってさらに遊びを発展させる。水たまりの底からヒーローが出てきて恐竜を倒したり、恐竜が地底に埋められたりといった展開が起こってくる。また、埋葬された恐竜のために塚を作ったり、塚の上に岩や神社を置いたりといったことが起こってくる。そして、「この恐竜はいまは死んだけど、また何かあったら出てくるんだよ。いまは地下で眠っているんだ」などと言って墓に手を合わせ、恐竜のために祈りを捧げるようなことが起こる。われわれセラピストは、このような場面に直面した時、悲しみのあまり暴れる旧い自己が死に、ヒーローとしての新しい自己が誕生するのを見る。また、失った対象と共存していた世界への愛、その世界と別れる決意と悲しさ、その悲しみに苦しんでいた旧い自己への慈しみ、そして、それらの思いを抱えながらも旧い世界や自己と決別し、新しい世界や自己を生きようとする決意などを感じ取る。つまり、苦しみを包み込みながら同時にそれを超えていく発想が生まれるのを見る。それゆえわれわれもまた、こういう場面では子どもと一緒に手を合わせる。

このように心理療法では、苦しみにとどまることを通して苦しみを包み込む発想が獲得される。この発想においては、挫折、喪失、離別、死、悲しみなどは人生の不可欠な要素として受け容れられる。クライエントは、はじめそれらの苦しみに直面して来談するが、その心の根底には、これほど苦しいのにどうして生きているのか、どうしてこんな苦しみを味わわなければならないのか、いったいこんな苦しい世界に生きる意味はあるのかといった問いがある。それらは言い換えれば、生と死とは何か、世界や自己とは何か、生きる意味とは何かといった根源的な問いである。これらはとてつもない難問であるが、それがクライエントの人生から生まれてきたものである以上、それに本当に納得いく答えを出せるのはクライエントだけである。心理療法においてクライエントは苦を包括する発想を得るが、それは人生の究極的な難問に対するクライエントなりの解答となる。

恐竜の埋葬でいえば、喪失の悲嘆ゆえに暴れる自己は今やおらず、その痛みと悲しみも過去のものとなっている。しかし、新しい自己は、失われた対象とそれと共に在った旧い自己への哀悼のなかで、痛みと悲しみを背負って去っていったそれらと共に在り、共感によってそれらを慰める。この慰めは自己の痛みと悲しみを慰めることであるから、過去の自己の癒しはそのまま新しい自己の慰めとなり、こうして新しい自己は、過去の自己との共存に励まされつつ新たな人生に出立する覚悟を得る。失われた愛する人も喪失に苦しむ昔の自己も今はもうここにはいないが、しかし、それらは今もなお彼岸にあって此岸の自分に語りかけ、自分もまたそれらの声を聞きつつ彼岸へ語りかける。両者は離れながら結びつき、二つでありながら一つである。彼岸は此岸に此岸は彼岸に、過去は現在に現在は過去に、苦は覚悟に覚悟は苦に包まれる。恐竜が破壊しようとしていたのは、愛する人を奪った理不尽な世界だったのかもしれない。自分を見捨てた愛する人との世界そのものだったのかもしれない。あるいは恐竜は、理不尽な別れを強要する暴力的な世界そのものを表現していたのかもしれない。そのような仕方で有らざるを得ない世界そのものの悲しみを表現していたのかもしれない。もしそうなら、埋葬され、いまや新しい自己を慰めるようになった恐竜は、単なる昔の自分ではなく、世界そのものの慈悲であるかもしれず、それに手を合わせることは、世界を呑み込み生みだす根源的な生命の働き、いわば神や仏のような超越者に向き合い、それと共に生きることなのかもしれない。こうして埋葬された恐竜に手を合わせる子どもは、自己を超えた力に包まれ救いを体験する。

もちろん子どもは、これらのことを頭で考えて理解するのではない。遊びのなかで体感を通して直観的に把握するのである。子どもは子どもなりに、どうして自分は苦しいのか、どうして自分はこの世界にいるのか、死んだものたちはどこへ行くのかといった問いを持っており、それらの問いに対する答えを見いだそうと必死になる。だからこそ、恐竜を埋葬したり、埋葬した場所に墓標を立てたり、それに手を合わせたりする。そして、しっくりこなければ、もう一度掘り返して埋め直したり、墓標を岩から木に置き換えたり、神社を十字架に置き換えたり、様々な死の儀礼を試み、何度も自分が納得できる表現を探す。セラピストはその過程に寄り添いながら、岩のほうがピッタリくるなとか、十字架はなかなか良い感じだなとか思いながら儀礼の手伝いをし、クライエントが恐竜とどのような交流をしているのか、彼岸の世界をどのように体験しているのかを感じようとする。クライエントとセラピストは、こうして想像の世界のなかで超越的な何かと対話しつつ、救いのイメージを創造する作業に従事する。これは大人であっても同様で、違うのはただ、墓参りの体験について語り合ったり、夢や空想のなかに自然発生的に出てきた死の体験について語り合ったりというように、この作業を言語的な交流によって進める点だけである。

このように、クライエントは自由に連想を広げ、様々な連想を結びつけながら試行錯誤を繰り返し、自分の感情にぴったりくる救済イメージを模索する。この際、連想が生じたり、それらを結びつけたりする作業は、理屈では良くわからないアイデアがふっと浮かんでくるような無意識的な仕方で展開する。一方、ぴったりくるイメージを模索する場合には、岩や木、神社と十字架の違いを比較したり、それらを取り替えてみたり、あるいはその意味を考えてみたりといったような意識的な作業が重要になる。この際クライエントは、自分の身のまわりに存在する様々な宗教的観念や知識を素材としながら自分にぴったりくる救済イメージを模索するが、それは同時にクライエントという個人が歴史的・文化的世界に存在する集合的な救済イメージに影響を受けることでもある。つまり、この作業は個人と歴史的・文化的世界との対話なのである。セラピストは、クライエントがこれらの作業に取り組むのを手伝う。セラピストは、クライエントの自由な連想を支持したり、クライエントの表現についての感想を言ったり、集合的な救済イメージについての知識や連想を提供したりする。しかし、これを適切に行うことは非常に難しい。というのも、クライエントの連想を本当に尊重し、その表現を促進するような感想や連想を言ったりするには、クライエントが創造する救済イメージの意味をできる限り的確に理解しなければならず、そのためには歴史的・文化的世界に存在する集合的な救済イメージの意味についても深く理解していなければならないからである。

したがって、日本人の心理療法に関わるわれわれセラピストにとって、日本人の救済イメージについての理解を深めることは非常に重要である。しかし、日本人の救済イメージを深く理解するには、異なる世界の救済イメージについても理解する必要がある。このような考えから筆者は、日本人の祭りに見られる救済イメージを取り上げ、それを西洋の祭りに見られる救済イメージと比較し、両者の意味について考えてきた。その研究は、筆者にとって個人的な救済イメージの探求という側面もあるが、同時にそれによって発見したことは日本人のクライエントが今後個性的な救済イメージを探求していくためのヒントにもなり得ると感じている。以下、それらについて論じていきたい。

2. 日本と西洋の救済イメージ

これまで筆者は様々な祭りを見てきたが、ここでは春の祭りを例として取りあげ、そこに見られる救済イメージについて論じたい(2)。日本の春の祭りの代表的なものの一つに火祭りがある。近畿圏の代表的な祭りで用いられているシンボルの数を季節毎に数えた筆者の調査によれば、一月から三月に最も多く用いられているのは火や松明であった(3)。春の火祭りに参加したことのある人であれば、闇夜に燃え上がる炎を前にして到来せんとする春を実感し、外へ飛び出したくなる感覚を感じたことがあるのではないだろうか。また、たとえ参加したことがなくても、テレビなどでそれを見たことがある人なら、春に向かって世界が沸き立っているように感じ、自分もそわそわしてくるような感覚を感じたことがあるのではないだろうか。これらの体験は、われわれ日本人が春の火祭りにおいて存在様式の変容を体験していることを示している。すなわち、われわれは春の火祭りにおいて、冷たい冬から温かい春への、あるいは暗い籠もりの世界から明るい開けの世界への飛躍を象徴的に体験している。これは、存在論的にいえば、存在様式の更新の体験、いわば旧い存在様式が死に新しい存在様式が再生する救済の体験なのである。

筆者は、この春の火祭りにおける救済体験の意味について深く考えるため、これまでいくつかの祭りを調査してきた。例えばその一つに和歌山県新宮市で毎年二月に行われている御燈祭がある。この祭りでは、精進潔斎した何千人もの男たちが手に松明を持ち、夜の闇のなか山頂にある境内に籠もる。そして、山中の秘儀によって作られた神聖な火が男たちのいる場所へ運ばれると、一斉に松明に点火され、山頂は火の海になる。すると次の瞬間、松明を手に持った男たちは、籠もっていた山頂の境内を飛び出し、崖のような階段を一気に駆け下り、火をそれぞれの家に持ち帰る。この祭りの意味については様々な説があるが、直に体験される劇的な出来事という点から見て筆者がとても重要に思ったのは、そこにおいて、人間が自然の最も神秘的な暗い内奥にまで入り込み、ついに闇そのものに一体化するドラマが生きられること、そして、今度は一転、人間が爆発的に輝く火の力に一体化し、その力によって暗黒の内奥から躍動的に飛び出すドラマが生きられることであった。これらのドラマの構造を考えると、そこには人間が自然に一体化する仕方が論理的に示されていることがわかる。すなわち、人間は、冷たく暗い籠もりの冬をもたらす動きにあらゆるものを無のなかへ呑み込む自然の働きを見、そこへみずからを一体化させていく。この一体化は、みずからを無に帰するという仕方で、つまりみずからを捨てるという仕方でなされる。ところが、無へ呑み込む自然は、まさにそれがすべてを呑み込んだ瞬間、無の内奥から温かく明るい開けの世界をもたらす。それゆえ人間は、無の内へ深く入り込めば入り込むほど、すなわちみずからの存在を捨てれば捨てるほど、無の内奥から吹き出してくる自然の生みだす力に近づき、その力に触れ、そこから湧き出す爆発的な力を受け取る。このように、ここには、徹底的に捨てていくことで無限の贈与に触れるという逆説的な論理がある。御燈祭には、人間は自己を犠牲にすることによって無限に贈与する自然に救われるという救済イメージが示されている。ここで自然は、闇即光・死即生・無即有の根源的な力として現出し、人間はその力によって救われるが、その力の現出は、そのような力を自然に投企し、その力を信じてみずからを徹底的に捨てていく人間の側の能動的な在り方によって可能になる。

　筆者が調査したもう一つの春の火祭りに近江八幡の左義長祭りがある。これは、滋賀県近江八幡市の日牟礼八幡宮で二日にわたって行われる祭りであり、一日目には、近江八幡市の各町が制作した美しい左義長が神社に奉納され、その後それを各町の若者が担ぎ、町中を引き回す。そして二日目には、日中に喧嘩と称する左義長のぶつけあいが参道で行われ、夜になると参道に左義長が並べられ、神前から運ばれた聖なる火によって点火され、勢いよく燃やされる。この祭りの歴史や意味についても様々な説あるが、直接的な体験として最も印象深いのは、美しい左義長が街中を威勢良く練り歩き、激しくぶつかりあい、さらに闇夜に激しい火柱となって燃え上がる時、われわれの眼前に活気に満ちあふれた躍動的な世界が開かれ、われわれもまた燃えるような活力に満ちた躍動的な存在になるという点である。この祭りにおいて左義長は、乾物を材料にして干支などを象ったダシと呼ばれる飾り物や無数の赤い短冊が束ねられた十二月《じゅうにんがつ》などで飾られるが、それらの制作のために町の人びとは多くの資金と労力をつぎ込む。派手に美しく飾られた左義長は、来るべき新しい年への人びとの期待を感じさせるが、それが町中を練り歩く時、町は左義長が踊り狂う舞台となり、人びとは左義長の囃し立てる観客になる。つまり、ここでは左義長が主役であり、町も人もみずからを左義長に捧げ、それに一体化することによって活気づけられ、華やいだ世界へ開かれる。そして、左義長が激しくぶつけられ、燃やし尽くされ、ついには炎が世界を包んでいくと、われわれの前に活気に満ちあふれた生命的な世界が到来し、われわれはその世界に包まれつつ、活力に満ちあふれた存在になる。このように、左義長祭りにも、自己を捨てることで無限に贈与する生命的世界に救われるという動きがある。

以上二つの例からわかるように、日本の春の火祭りでは、人間は自己を犠牲にすることによって無限に贈与する自然に包まれ、みずからも活気に溢れた躍動的な存在になることで救われる(4)。この体験には、自然との一体化に自己の救いを見いだす日本人の救済イメージが示されている。では、このような救済イメージはどの程度普遍的で、どの程度文化的特異性を持っているのか。そして、日本人の救済イメージの長所と短所は何か。次に、西洋の復活祭に見られる救済イメージと比較しながら、それらの問題を考えてみたい。

西洋の代表的な春祭りといえば復活祭である。復活祭はキリストの復活を祝うキリスト教の祭りであるが、もともとその祭りは、在来の民俗的な農耕牧畜儀礼を土台にし、その上にキリスト教的な観念が重なることによって歴史的に形成されたと言われている。というより、そもそもキリスト教自体、民俗宗教の儀礼や観念を取り込んだり排除したりしながら、同時にそれらに影響を与え、それらを変形させ、ヨーロッパ世界に普及していった。筆者はこれまでギリシャやイタリアで復活祭を見たが、例えばギリシャの復活祭では、聖金曜日に花で飾られたキリストの棺を先頭に蝋燭を持った人びとが行列となって街中を練り歩く。そして、聖土曜日には、街中の人が家族連れで教会に訪れ、キリストの復活と同時に蝋燭に火を灯し、家に持ち帰る。復活祭当日には、赤い卵やクッキーがみなに配られ、庭先で羊の丸焼きを家族みんなで食べる。このように、キリストの復活を祝う祭りといっても、そこには、単にキリストの復活儀礼を行うだけではない、恵みに満ちた春の到来を身体全体で期待し喜び祝うような民俗的な春祭りの雰囲気があった。花で飾られた棺はまさに到来する春の息吹を街中に告げ知らせる神輿のようであった。また、教会に集まった家族が賑やかに会話し、みなで火を持ち帰る様子は、来るべき新しい年への期待を膨らませながら火を持ち帰るおけら参りのようであったし、赤い卵やクッキーをみなで分かちあい、羊の丸焼きを外で食べる様子は、神の恵みを分かちあう直会のようであった。

このようなキリスト教の儀礼と民俗的な春祭りとの複合は、西方教会の復活祭にも見られる。例えばフィレンツェの復活祭では、復活祭当日にスコッピオ・デル・カッロと呼ばれる伝統行事が行われる。スコッピオ・デル・カッロとは、車の爆発というぐらいの意味であるが、要するにそれは、巨大な山車に大量の花火をつけ、それを町外れから町の中心にある教会前の広場まで運び、そこで大量の花火を一斉に爆発させる行事である。この行事は農耕儀礼としての側面を持ち、花火の爆発は太陽の復活を表し、花火の勢いによってその年の豊穣が占われると言われている。[5] また、山車を運ぶのは花で飾られた二頭の白い牛であり、山車のすぐ後ろでは、女性と子どもがそれぞれ花を積んだ荷車を引いていた。牛が教会まで山車を引いたり、花の荷車が教会へ向ったりするのは農耕儀礼の要素と考えられる。実際、騎士団や貴婦人などを先頭に、花で飾られた白い牛が巨大な山車を引き、その後ろを花の荷車がついていく様子は、まさに春の到来を予感させる晴れやかな雰囲気に満ちていた。そして、山車が教会前の広場に到着すると、広場は溢れる人で一杯になり、そこには何か素晴らしいことが起こかもしれないという期待が満ちあふれ、ついに花火が一斉に爆破されると、人びとの歓声や爆破音と共に、活気溢れる晴れやかな世界が目の前に開かれる。そこに到来する世界は、キリスト教的な世界というより、あらゆるものが天と地から湧き出してくる春の世界であった。

このように、キリスト教の復活祭の基層にも、春の到来という自然のリズムに同調し、それによって存在様式を更新する人間の動きが見られる。その意味では、日本にも西洋にも自然との一体化による救済といったイメージがあると言える。しかし、両者には大きい違いもある。まず、日本の祭りでは、山へ籠もったり、山から駆け下りたり、左義長をぶつけたり、無数の松明や巨大な左義長を燃やしたりといったことがなされる。そこで用いられる素材や行われる行動は、非常に原始的で自然に近い性質を持っている。そして、これに対応するかのように、人間は消滅させると同時に生みだす神秘的な自然の力に深く没入し、ついにはみずからも自然と一体化し、躍動的な生命的世界へ飛び出す。

しかし、西洋の復活祭では、そのような自然との一体化は主要な役割を果たしていない。復活祭のメインは、やはりキリストの死と復活のイメージであり、キリストの復活劇に従って行われるミサである。ギリシャの復活祭では、キリストの棺を教会に運び入れた後にミサが行われ、キリストの復活に際してもミサが行われる。人びとはミサで祈り、キリストの死と復活のイメージを想起するのであって、家に持ち帰る蝋燭の炎もキリストの生命という観念によって彩られている。フィレンツェの復活祭もまた同様で、山車の爆発と並行してミサが行われるし、その前日も当日も教会ではミサが行われ、人びとはキリストの死と復活を想起する。復活祭の基層には、確かに春の到来に同調する人間の動きがあるが、恵みをもたらすのはあくまで高き天にいる父なる神であり、恵みを願う人びとは父なる神のいる天へ祈り、その天へ捧げ物をするのである。

日本の春祭りでも、本殿などで行われる神事では神が天や山の向こうに想念されるが、神事においても神との一体化が演じられたり、あるいは儀礼の後の直会などで神との一体化がなされる。また、既に述べたような祝祭の場面では、もはや神の所在が云々されることはなく、躍動する自己の前に顕現する生命的世界そのものが神の顕現となる。つまり、ここでは神と自己は分かれておらず、両者の区別は滅却される。しかし、西洋の復活祭では、あくまで神はあちら側におり、人間はこちら側に残る。そして、両者を結びつける媒介者としてキリストが人間の前に示される。みずから磔になったキリストは、神のために自己を犠牲にし、それによって神と一体化し救われる。人間はキリストを想起し、その行為にみずからを照らすことで、神を忘却して生きる自己の罪を自覚し、自覚によって神に結びつく。ここからわかるように、キリストには、自己犠牲による神との一体化といったことが人間の認識の対象になり得る形で示されている。日本の祭りでは自然が神であることをふまえると、西洋と日本の救済イメージには、自己犠牲による神との一体化を救いと見なすという点で根源的な同一性がある。しかし、そこには大きな違いもあり、日本では、自己犠牲も神との一体化も認識されるというより直接的に生きられ、神と人間の区別は一挙に超えられ、消滅させられるのに対し、西洋では、両者の区別はあくまでも維持され、両者は、キリストのイメージに照らしての自己内省的な認識によって間接的に結びつく。

以上からわかるように、日本でも西洋でも自己犠牲による神との一体化が救いの体験を構成しているが、前者ではそれが認識されるのではなく直接的に生きられ、それゆえ神と人間の区別は滅却され、後者ではそれが生きられるのではなく認識され、それゆえ神と人間の区別は維持されるという違いがある。こう言うと、日本における救いの体験は、人間の限界や罪の認識を欠いた心理学的に一段次元の低い体験のように思われるが、祭りが土地に根付いて生きる人間によって行われるという事実に立ち返ると、それらの救済体験に人間としての自覚が欠けているとは必ずしも言えないことがわかる。すなわち、日本の祭りにおいて人間がそこへ一体化していく神としての自然の力は、まさに自分たちが生きる土地の力そのものであり、その力へ自己の全てを捧げようとする動きには、その土地に生かされているという自覚とその土地に身を投げ出して生きようとする覚悟がある。つまり、人間の限界の自覚は、土地を信じ、そこに根ざして生きる実践のなかに維持されており、人間の罪もまた、そのような実践を踏み外すことへの戒めとして実践倫理的に維持されていたと考えられる。人間の限界や罪は認識の対象として主題化されるのではなく実践のなかで生きられており、それゆえ神との一体化も実践的に生きることが強調されたと考えられるのである。

このように考えると、現代日本人の場合、自己犠牲による神＝自然との一体化を本当の意味で体験することはじつに困難であるとわかる。なぜなら、そのような救済体験は、自分の生存を支えるすべてを土地から得ている人間が、生死をかけてその土地と向き合うことでしか生まれてこないからである。人間の営みと直に響きあう土地が神と見なされるからこそ、人間は神に一体化できるのである。しかし、現代日本人は、自分の生存を支えるすべてを土地から得るというような生き方をしていない。故郷といったところで、せいぜい眺めるに懐かしい風景や親しい親戚や仲間がいる場所であって、われわれの実質的な生存は場所というものから切り離されている。われわれの実質的な生存は、抽象的な空間を流通する貨幣に大きく支配されている。そういう意味で、われわれの基盤は抽象的なバーチャル空間、底なしの虚無である。確かに祭りは、本論で示したように、人間がなお土地に根ざして生きていた頃の救済体験を一時的に体験させ、その救済体験を擬似的に学ばせてくれる。しかし、結局われわれが気づくのは、もはやわれわれにはそのような形での神との一体化は不可能であるという事実である。では、われわれ現代日本人は、自身の救いをどのようにイメージし、それに向けてどのような実践をすることができるのか。

この問いを正面から受けとめると、われわれにとって西洋の救済体験が計り知れない意味を持っていることがわかる。すなわち、キリストのイメージは、人間に対して自己犠牲による神との一体化という救いの方向を示しつつ、同時に人間が既にその救いを失ってしまっていることを告げ、ではお前はこの失われた可能性にどう取り組むのか、という問いを突きつける。このような捉え方は、キリストは人類を救うために犠牲になったというキリスト教の教義からは逸脱しているかもしれない。しかし、このような教義的な見方が現実性を持つためには、人間は神を自己を捧げるに値する存在として体験していなければならず、キリストを自己そのものと体験していなければならない。そうであればこそ、キリストの犠牲と神との一体化が、そのまま自己の犠牲と神との一体化になり、自己の救いとなるのである。しかし、われわれにとって、神は既に自己を捧げるに値する存在ではなく、キリストも自分ではない誰かである。われわれ現代人にとって自己は自己であり、そのようなわれわれが人類の犠牲としてのキリストを想像してみたところで、そこに現実性はない。しかし、自己犠牲による神との一体化を生きた人間としてキリストを見ると、そのイメージはわれわれへの問いかけとなる。そこには、土地からも神からも見捨てられながら、なお自分が信じる神に向かって自己の全存在を捧げ、みずからが信じる神との一体化を成し遂げた一人の人間がいる。直接的な神との一体化から疎外されたわれわれには、キリストが示した可能性をどう認識し、どう捉え、どう生きるのかという課題が突きつけられているのである。

日本には、自己犠牲による神＝自然との一体化によって救いを体験するという伝統がある。しかし、現代日本人は、そのような救いの体験の根拠となっていた土地との結びつきを失った。とはいえ、伝統によって引き継がれてきた救いのイメージはいまも生きており、われわれ日本人は、社会の動向や集団の雰囲気といったものをすぐに大きな自然の流れのようなものと見なし、それに一体化して安心しようとする傾向を持っている。しかし、そのような一体化は、土地への結びつきによって維持されていたような自覚や覚悟に裏づけられておらず、それゆえ責任の自覚を欠いた無責任なものになりやすい。したがって現代日本人は、自己犠牲による神との一体化を一度認識の対象とし、自己がそれを生きるとはどういうことかを真剣に考えなければならない。この問いは、現代日本人の救いに関わる心理療法に直結する問題である。心理療法における祈りが救いとして現実化するためには、この問いを深く考える必要がある。最後に、この問いを心理療法の具体的な実践に結びつけて考察したい。

3. 魂の大地

われわれは土地との結びつきを失っている。われわれは、どのような場所で、どのような仕事をし、どのような人間関係を生きるのかを決定するのは自分であると考えている。それゆえ、もし今いる場所や仕事や人間関係が気に入らなければ、そこを去り、もっと良いものを求めて次へ移動しようとする。このような生き方はとても自由なように見える。しかし、この自由は逆にわれわれを不自由で縛られた存在にしている可能性がある。新しい場所へ移動する際、旧い場所は期待が持てないために捨てられるが、新しい場所へ持ち越される期待のほうは相も変わらず昔のままである。われわれは自分自身の「期待」に縛られ続ける。期待という幻想のベールに包まれ、様々な場所にそれを投影し、ここにもない、あそこにもないと不満を抱き、自分の幻想から一歩も出られないまま、住むべき場所を見いだせずに彷徨い続ける。行き着く果てては、幻想のベールのなかに閉じ籠もるか、それを暴力的に他者に押しつけて共同幻想のなかに埋没するか、一時的に幻想を満たしてくれる仮の宿を転々とするかといったことになりかねない。引きこもり、虐待、ＤＶ、ボーダーライン的な行動化といった現代社会の様々な心理的問題の背景には、自由な生き方に伴って生じる幻想性の強化、拘束感や寄る辺なさの増大といった問題があるように思われる。実際、心理療法に来談する多くのクライエントは、強力な幻想に囚われたまま彷徨う（あるいは逆に閉じ籠もる）生き方をしており、それゆえ不自由さと寄る辺なさに苦しんでいる。したがって心理療法では、このような生き方がどうしたら変容していくのかが問題になる。

様々な主訴で来談するクライエントに共通するのは、彼らが自分の住むべき場所を見いだせずに苦しんでいるということである。もちろん本当に親や配偶者や兄弟姉妹がなく、仕事も人間関係もまったくなくて苦しんでいるという場合もあるが、ほとんどの場合、彼らもまた家族や仕事を持ち、様々な人間関係を生き、まさにそれが自分の期待に反するために苦しんでいる。そのような意味で、そこで問題になっているのは現状と期待の齟齬である。しかし、多くのクライエントは、問題は現状にあり、自分の期待が問題であるとは感じていない。というより、自分が期待を抱いており、その期待は主観的なものであるということさえ認識していないことが多い。このような場合、クライエントは幸福も不幸も世界から与えられると漠然と期待しており、自分も世界を作る一員であるということを忘れ、世界に翻弄されるしかない受動的な存在になっている。流れに身を委ねる傾向のある日本人は、このような受動的存在になりがちである。

現状と期待の齟齬は明らかにされる必要がある。しかし、これは実に難しい課題である。多くの場合、期待はわれわれが世界を見る目そのものとなっており、現状は期待を通して把握されているから、いくら現状の話を聞いても、それを客観視することにはならない。そこで重要になるのは、まずは期待をじっくり聴くことである。期待の背後には、それが生まれてくるクライエントの歴史、すなわち苦悩し救いを求めるようになった歴史がある。言い換えれば、大きな力が自分を救ってくれるのを願い続けてきたクライエントの祈りの歴史がある。この祈りの歴史を共有していくと、セラピストの眼前にはクライエントの歴史的世界が開かれてくる。それは見るに忍びないほど悲惨な場合も少なくないが、その痛みに耐えながら深くその世界に入っていくと、セラピストのなかにもクライエントと類似の祈りが生じてくる。こうして得たクライエントの祈りの歴史についての理解をクライエントに伝えていくと、クライエントもまた自身の歴史を自覚し、単に盲目的に苦悩し現状に不満を言うだけの立場から、苦悩し救済を求める自己を客観視する立場へ移行する。

こうして自覚が芽生えると、クライエントの期待を今いる場所で、あるいは今いる場所でないとすればどこで、どう実現していくか、あるいは諦めるかなどといったことが問題となる。クライエントが期待を投げかける場所は、実際には様々な人びとが各人各様の期待を投げかけ、それらが融合したり対立したりしながら複雑な布置を形成しつつ構成される場所である。それゆえ、もしクライエントが自分の期待を実現しようとするなら、他者の期待と折り合いをつける作業が欠かせない。自分の期待を訴えたり、時に諦めたりするのと同様、相手の期待を受け取ったり、時に拒否したりといったやりとりが不可欠となる。そのためには、クライエントは自分の期待を明確に認識すると同時に、他者の期待も認識しなければならない。そして、それらが共存可能な場所を作るために多くの労力を費やし、その作業を通して挫折を味わい、時に失望し諦め、多くの犠牲を払いながら、場所の創造のためには自己自身を犠牲にする必要があることに気づかなければならない。

このように、自分が住むべき場所を見つけるには、まず自分と他者の期待を認識し、自己犠牲の必要性を認識しなければならない。これはまさにキリストとしての自己を認識するという血と汗と痛みを伴う作業であるが、苦悩する人間がそれを一人でやり抜くのは大変である。それゆえセラピストは、苦悩の歴史を共有し、その作業に同行しようとする。セラピストはクライエントの期待を理解し、然る後に他者がどういう期待を抱きながらクライエントと共存しているのかを慎重に話し合う。そして、クライエントの期待は実現され得るのか、実現され得るとすればどのようにしてか、他者の期待との絡みでクライエントの期待をどのように投げかけ、クライエントもまたどのように他者の期待を受けとめるのかを一緒に考える。この作業を通して、クライエントが今いる場所に積極的に関わったり、あるいは今いる場所としっかり対決して別れ、能動的に新しい場所に関わったりするようになると、クライエントの眼前には、それまでの期待を超えた、より包括的な新しい世界が開けてくる。この過程でクライエントは、世界に向かってみずからを投げかけ、自己を犠牲にしながら世界を創造する作業に取り組む。こうして創造される世界は、クライエントの自己犠牲によって創造される世界であり、その意味でまさにクライエントが耕したクライエント自身の土地である。クライエントは、自己犠牲によって自分の土地を発見し、それと一つになり、それに救われる。

ここでわれわれは、自己犠牲による自然＝神との一体化が再び生きられるシーンに出会う。ここで創造される世界は、例えば特定の宗教的理念を指導原理として作られる固定した世界ではない。そこには、天空にいる父なる神のような絶対的原理はない。あまりに深く傷つけられた人間は、時に善による悪の追放に救いを見いだし、その実現を自分が生きる世界に期待することがあるが、それが期待である限り、常に挫折せざるを得ない。それがどれほど素晴らしい理念に基づいていたとしても、他者と生きる世界に自分の期待を押しつけることはできない。われわれは、キリスト教のような世界宗教さえ超えていかなければならない。そして、他者と共に生きている今この場所に身を投げ出さなければならない。今この場所に在るのは、個々の人びとが救いを求めて自分の期待を投げ込み、それが合流したり対立したりする運動だけである。実際のところ、いくら自分の期待を認識し、他者の期待を認識し、懸命に折り合いをつけたところで、現れてくる世界が自分の期待に合致するかどうかなどわからないし、そもそも行き着く果てにどのような世界が現れてくるかさえわからない。多様な救いへの期待が絡まり合うなかを一生懸命に生きるうちに、その都度思いもがけない世界がおのずから姿を現すだけである。われわれは、ただひたすらに自己の期待を認識し、他者の期待を認識し、その絡まり合いのなかへ身を投げ出し、そこへ可能な限り深く参入していくしかない。それは、未知なる無へ身を投げ出していく冒険に等しい行為である。恐竜の例で見たように、不安を抱きながらも暴れる子どもの動きに必死についていくと、ふとした瞬間、目の前にいる子どもが悲しげな様子に見えてきたり、抱きしめてほしいと叫んでいるように見えてきたりというように、世界の側が思いもがけない姿を現してくる。われわれは世界に導かれながら、そのなかへ飛び込んでいく。すると今度は、子どもの目の前にも思いもがけない世界が姿を現す。子どもは、新しい世界の雰囲気に導かれつつ、恐竜に相応しい場所を模索し、それを地下に発見し、みずから恐竜を埋葬する役目を担う。そして、恐竜の悲しみを感じつつ、それを悼みながら見送ることでヒーローの世界に開かれる。このように、セラピストとクライエントは、二人ともが未知なる世界へ身を投げ出していくことで、おのずから現れる思いがけない世界に出会う。この世界は、人間が必死になってこの地上に身を投げ出し、大地の奥に深く入り込んでいく時、輝きを発しながらおのずから現れてくる躍動的な生命的世界である。この世界は、善のような特定の理念によって支配される世界でもなければ、逆に悪意に満ちた世界でもなく、善も悪も超えて両者を包み込み、その都度生き生きとした彩りを見せてくる流動的な世界である。それは、キリスト教のように父なる神に上昇していく世界ではなく、下方に深く降りていくことで開けてくる世界であり、その様相は下なるものでありながら上なるものでもあり、上なるものでありながら下なるものでもある。恐竜の例に見られるように、沸き上がる活気に満ちながら、同時にその底に悲しみへの共感と慈しみを秘めている世界なのである。

こうしてわれわれは、一瞬ではあるが、慈悲に裏打ちされた自然＝神の顕現としての生命的世界に住むべき場所を見いだす。もちろんわれわれは、この世界を一瞬垣間見るだけであって、そこに安住できるわけではない。われわれは常に生きている。休むことなく次なる他者との出会いのなかへ飛び込んで行かなければならない。われわれの生存を根拠づけているのはもはや現実の大地ではなく、自己と他者の期待が絡み合うなかで絶えず更新され創造されなければならない魂の大地である。もちろん人によっては、現実の土地にどう根づくかということが問題になる場合があるだろう。そして、この場合、土地に根づくことは魂の大地を創造することに直結するだろう。しかし、魂の大地を抜きにして土地に根づくことはできない。われわれにとって重要なのは、魂の大地を耕す作業に取り組むことである。そして、そのためには、われわれは自己犠牲の必要性を深く認識しなければならない。自分と他者の祈りの歴史を認識することによって、傷つきと悲しみへの共感や慈しみが生まれ、それを土台にして魂の大地に自己を投げ出していくことで慈悲に満ちた生命的世界が顕現する。(6) 一度土地から切り離されたわれわれ現代日本人が、みずからの伝統である自然＝神との一体化による救済を真に求めるなら、自己犠牲による神との一体化の必要性を認識し、その上でみずからを自覚的に犠牲にしていく覚悟が必要になる。筆者は、これらの作業への取り組みを通して救いを求める人間の祈りに応えていくことこそ、真に心理療法が目指すべきことだと考えている。

【注】

（1）河合隼雄（1994）：心理療法序説．岩波書店．3頁．
（2）この研究はJSPS科研費JP18730443の助成を受けた。
（3）橋本朋広（2009）．祭りにおける意識変容と象徴作用に関する分析心理学的研究．科学研究費補助金研究成果報告書（課題番号18730443）．https://kaken.nii.ac.jp/ja/grant/KAKENHI-PROJECT-18730443/
（4）橋本朋広（2008）．春の火祭に見る火のイメージの心理学的考察．日本箱庭療法学会第22回大会発表論文集．75–76頁．Hashimoto, T. (2016). The psychological meanings of fire symbols in Japanese festivals. International Journal of Psychology: Special Issue: 31st International Congress of Psychology, 24-29 July 2016, Yokohama, Japan. Volume 51, Issue Supplement S1, p.972.
（5）谷口幸男・遠藤紀勝（1998）：図説ヨーロッパの祭り．河出書房新社．62頁．
（6）祭りに見られる自己犠牲と神の顕現という現象と心理療法における変容の関係については、本論のほか以下の論文で考察している。橋本朋広（2011）．象徴体験における外と内の弁証法．箱庭療法学研究、第24巻、第2号、85–99頁．橋本朋広（2012）．象徴体験における有と無の弁証法．箱庭療法学研究、第25巻、第1号、27–37頁、橋本朋広（2014）．祭りのコスモロジーと心理療法における救済．大阪府立大学大学院人間社会学研究科心理臨床センター紀要、第7号、43–50頁．

第9章　心理療法と祈り——包越の試み——

山本昌輝

はじめに

心理療法を受けに来られる方の多くが、まさに祈るような悲痛な想いで面接に来談される。苦悩や困難を抱えて、何らかの解決の糸口なり、今よりは少しでも楽になれることを望んで来談される。しかし、多くの心理療法が、初期の面接において悩みが軽くなるというよりもむしろ深くなることによって、来談された方の苦しみは増しているようにみえる。おそらく現実に来談されている方は面接が進むにつれて自身の抱えている悩みの深さを改めて自覚することにより、なんとも言えない気分の重さやさらに絶望的な想いに曝される。このようなことは心理療法の初期段階では、よくみられる事象である。来談者の中には正直に「面接に来ると状態がむしろ何か悪くなっているように思う」と打ち明ける方も居られる。専門家はこれが心理療法の道筋において何ら間違っていない、むしろ進展を示すものとして理解はしているが、目の前にはじめて来談されたときよりも暗く陰鬱な表情の来談者をみると、罪悪感のような申し訳無さを感じずにはいられない。苦痛を取り除くどころか増大させているからである。

少なくとも日本人の心性に有る「知らなければいいこと」「見なければいいこと」を、心理療法家がわざわざ知らせ見せることで来談者が苦しみを増しているという現状に、思わず「自分は来談者に対して余計なことをしている」と思わずにはいられない、というこれまた日本人心性が働いているのである。オイディプースをはじめとする悲劇の重要なテーマは、まさに隠されていた知らなければ知らないで余計な苦しみを味わうことなく少しは平穏な想いで生活できていたことが突然の事実の解明によって破綻するというものである。言うまでもなく、フロイトはこのことを人間の知欲（Wissentrieb, épistemophilie）の勝利として賞賛するのであるが、如何せん日本人心性を抱えている心理療法家にとっては人間の業の深さとしか捉えることはできない。

とは言え、心理療法を遂行するに当たってはこの日本人心性を一方に抱え見据えつつ、専門家として知欲の勝利を賞賛しつつ、いずれ来談者が次のステップへと進むことを確信しながら手助けしていくことになる。おそらくこの苦境を治療者・来談者共に通過できるのは、言い換えると心理療法が中断せずに進めていけるのは、両者に信じるという営みが有るからに違いない。心理療法家は自身の信じる理論と技法へのほぼ絶対的な確信を持っているからこそこの苦境の到来を避けることなく乗り越えていけるし、来談者は治療者を専門家として信じているからこそこの苦境が改善のために必要な一歩、産みの苦しみとして耐えていくことができるのである。

しかし実のところ、筆者はこの苦境に有るとき、自身の無力感を強く意識している。この無力感が万能感の裏返しであることは十分に自覚している。それでも、目の前で苦悩している人を見て何もできないことに先の申し訳なさとともに強い無力感を感じているのである。そのような中、来談される方は祈るような想いで面談に来られている一方で、筆者も祈るような想いで面談に臨んでいることを告白せねばならないであろう。来談されている方のこころの重荷が少しでも早くそして少しでも軽くなることを、筆者はこころの中で一心に祈っているのである。

そもそも、治療者（セラピスト）の治療（セラピー）の語源となった古代ギリシャ語 θεραπεύω（仕える、世話をする）は祈りに通じる言葉であった。つまり、病者の傍らに居て、病者の病が少しでも快方に向かうようにと手を尽くし祈ることであった。病者の病平癒を祈る気持ちはいかに医療技術が進歩した現代においても変わらない。不治の病となれば尚更であろう。心理療法は確かに科学的とされる理論と技法に基づいているが、そのような客観的な枠組みとは別に、その重要な治療的要因として祈りが有るというのが、筆者の実感である。。心理療法場面は日常生活から時間的空間的に切り取られた枠組みの中で非日常的な時間と空間が現出しているとされる。いわばこの非日常的世界という器の中で心理的変容と醸成が起こるとされている。しかし、非日常性を強調するならば、心理療法場面に我々は必ずしも科学的な根拠や客観性を持ち込む必要はない。祈りという非常に主観的な営みの持つ重要性を強調してもかまわないで有ろう。もちろん、祈りについても科学的な説明は可能で有ろうが、少なくとも科学的に祈る人は居ない。科学は事象を解明し説明するが、そのことによって人々は生きる根拠を得ているわけではない。もっと非科学的ないわゆる非日常的な何かが日常生活に根拠を与えていると考えるべきである。このことは心理療法においても言えることで、いかに来談者の苦悩や苦境が解明されても、必ずしもそのことによって来談者の心の重荷が軽くなるわけではない。洞察が真に治療的意味を持つのは、その洞察を当人が受肉できたときである。日本語で謂うところの「身をもって知った」ときである。洞察は受肉（incarnation）・同一化（identification）されて初めて治療的作用を持つのである。もちろん人によっては洞察の内容の客観性が受肉を促進することもあれば、「信じる」という行為に裏打ちされた構えが受肉を促す場合もある。しかし、根底には前者においても客観性を「信じる」という当人の構えがあるという点で、両者の根底には何を信じるかの違いはあっても「信じる」という共通の心性が有り、信じるものによって洞察内容の受肉が促進されるという共通点のあることが言える。

「信じる」という営みはおそらく心理療法だけに限られた話ではなく、受肉や同一化の基本に有って、人の人格や性格、思考、生き方など、成長や変容にとってほとんどすべてと言ってもいいくらいの影響を及ぼしているはずである。「信じる」という営みがなければ、少なくとも自由な教育は成立しない。親や教師を信じているからこそ、子どもは彼らの発する言葉を受け取り受肉化するのである。しかし、認めたくはないが、子どもに恐怖を植え付け、強制的に教えを叩き込む（子どものこころに刻み込む）という教育も有り得る。とは言え、子どもに限らず、人が誰かの話や教えを身につけるのにはその話し手もしくはその人の話や教えを「信じる」ということが前提となる。「信じる」ことが他人へのこころの開けとなることは容易に理解できる。

祈りには「信じる」という行為もしくは「信じたい」という願望が背景に有る。それはまさに見知らぬ、その存在すらも定かではない何ものかに対してのものである。祈りについて考察したい。

祈りのコスモロジー

祈りは大方信仰と結びついていて、宗教行事にその姿を明らかに認めることができる。しかし、これといった特定の宗教の信者でなくとも、祈念することは決して珍しくない。祈るような想いを抱えているときには、それこそ特定の何者かに対してではなくただ祈っている場合も少なくはない。しかし、この祈りという営みは特有の宇宙観が有ることに気づかされる。眼前に実在する人やものに対しては、我々は請い願う。祈りが一見眼前のものに対して祈っているように見えても、決してそのものに対して祈っているのではない。眼前の実在物に祈っているようでも、一心に祈るとき人は閉眼する。つまり、視界から消し去るのである。もちろん、目の前の実在物が祈りを向ける対象となっているものであれば、こころの裡でその姿を思い浮かべながら祈っているかもしれない。しかし、ここで重要なのは決してその実在物に対して祈っているのではないということである。想いは当人がいるその時その場を離れて、その時でもなくその場でもない時空間へと向けられる。目の前に有るものは異界への接点を表している。つまり想いはその接点となるものの向こう側、といってもその実在物の裏側ではなく、その場には実在しない世界へと向けられる。このような世界は鏡の体験にみられる。

鏡は古代において霊力のあるものとして、神社の祭壇に祀られたり、高貴なる人の副葬品として入棺されたり、ご神寶として崇められてきた経緯がある。鏡がこれほどまでに畏れられたのは、まさに鏡が異界への扉のように体験されていたからであろう。

筆者が祈りについて深く考察するようになったのは、沖縄研究に負うところが大きい。沖縄研究では、「住まう」ということについて深く考えさせられた。筆者にとって「住まう」という営みは、関わる「場」に自己の身体像を投影・重ね合わせることによって、主客の分離と融合が複層的に往来することによって成り立つ。そうすることによって、いわば「身内」の如く「場」が「住処」となるのである。非‐自己を身内として自己の世界に組み込む人間の想像力には感嘆させられる。身内とされる事物は自己としてかつ非‐自己として矛盾することなく体験される。祈りを向けられる対象は身内として体験される。それは絶対的な他者として超越者を体験するのとは大きく異なる。絶対的他者として心の裡に住まわせた場合、たとえ心の裡で対話しようがどこまでも非-自己、つまり私の外に有る。他方で身内として内在化されると、先に述べたように非-自己としてもまた自己としても体験されることになるのである。それはいわば、内側での対話では神に祈る部分と祈られる神の部分とが矛盾なく共存するのである。言い換えれば非-自己の世界、つまり自己の外の世界を自己の外に有る世界として体験するところと自己の外の世界さえも自己の内側として体験される世界とが矛盾なく共存しているのである。神を自己の外の世界に有るものとして、つまり彼方に有るものとして体験する一方で、自己の深奥に有るものとして体験するのである。神道に偶像はないので、祈るときに特定の視覚像を思い浮かべることはないであろう。多くの人が参拝するとき、目を閉じて心の奥深くに想いを込めるとき、まさに彼岸と此岸とが重なるように往来することになる。ここで起こっていることは鏡を覗き込む自己と鏡に映った覗き込まれている自己とを主体が往来するのと似ている。言うまでもなく、物理的身体は鏡の手前に有り続けるのであるが、主体としてのこころは実像の「私」と虚像の「私」とを往き来する。

少なくとも筆者の祈りを吟味すると、自身が二重の世界と接していることに気づかされる。つまり、自身の内面世界においてどこまでも広がっていく宇宙への世界と、他方で自身の目の前に広がる風景を通して、現前していない彼方の世界へとどこまでも広がっていくそれとである。そのとき、「私」は宇宙を包容している一方で、宇宙の中に佇んでもいる。かつて、ユング派分析家のヒルマン、J. が一九八七年のエラノス会議での講演で「the cosmos in the psyche, the psyche in the cosmos」と表現したことがある。しかし、そのとき「「私」は一体どこにいるのだろう?」という疑問が筆者の頭を過ぎる。

「私」の身体は確かに祈るその場に有るのであるが、祈りという営みの中では、少なくとも祈りを捧げる心の裡には、自身の呼吸に意識を向けることは有っても自身の身体は自覚されないといっても過言ではない。祈りという営為の中で、私の身体像はどのような変貌を遂げているのであろうか。

また身体像とは別に、祈りの言葉や想念はどこに向けられているのであろうか。祈りが発せられたとき、祈り手にとっては祈りが受け取ってもらえたという実感はあるのであろうか。筆者が沖縄研究で捕捉することのできた事柄は、祈りは想定される対象に対して想いを届けるという行為によって成り立っているということである。

祈りが自らのこころの深奥へと果てのないところへ向けて発せられるのと同時に、自身を離れて遥か遠くの果てしないところへ向けて発せられている。

祈りのコスモロジーについて検討することは実に人間学的な興味が強く惹かれる作業である。というのも、祈りを捧げる際に個人の身体像は究極の逆説的な展開を成すからである。祈りは，個人の内面へ深く深く沈潜していく体験と、他方で、どこまでも果てしない遥かな遠くへと想いを馳せるそれとが同時に存在している。

このことは、身体像としては宇宙と一体化するように拡大する動きと、宇宙を自身の中へと取り込むそれとを意味する。つまり宇宙を遥拝する動きと、宇宙を内観するそれである。またこれらの身体像の展開と同時に、生身の身体感覚がその渦中にあっては点として体験されるまでに縮小、消退していく。祈りという行為もしくは祈りという想念に中心化されていくと言える。祈りの対象として神を前提とするならば、それは神を想い、神と重なる体験である。おそらく、一神教の世界にあっては，言い換えると個人が確立している精神性においては、神と対峙することになる。その場合、心の内面の奥深くに神と対峙すると同時に、現前しない遙か遠くの、例えば天界に有る神と対峙しながら祈ることになる。一神教の信仰において神は，遙か遠くにありながらも非常に身近に常に有る存在（対象）で有る。

他方、我が国の伝統的な信仰の精神性においては、筆者が展開するtherapeutic matrix（臨床的土壌）論の基底に在る集合的主体が体験する神は対象というよりも、つまり対峙する存在というよりも、自身もそこに包含される「場」として、「場・空間」的に体験される。そこには、西洋的な「対峙」とは随分と異なる祈りをみることになる。

集合的主体にとっては、主体そのものが「場」的な性質を帯びている。集合的主体にとっては信仰の対象である神さえも集合的である。集合的主体にとっては，ある性質を帯びた対象、すなわち明確な輪郭を持ちそれ以外はないとする確定的な姿を持つもの以外の対象は、集合的な対象として体験される。おそらくこの根本には、「自分」という主体のあり方に共通する何かがあると考えられる。そして集合的対象の特徴は、能動的な関心を向けたとしても、受動的に体験される。なぜならば、注意・関心を焦点づける標的を絞ることができないからである。

集合的主体が述語的同一性の体験となりやすいのと同じように、集合的対象に対してもどちらかと言えば対象としてよりも「場」としての性質が体験的には近くなる。このような背景には、西洋的な信仰が信仰の対象と個人として分離し対峙するのとは大きく異なり、日本的な信仰のあり方から言えば、日本人は神とも縁で繋がっているというような感覚を根底に持っている。その典型的な着想が人は逝けばすべて神様（仏）に成るということである。西洋の個の確立と理性優位の行動原理と比較すれば、我が国においてはかなり欧米化が進んだとは言え、未だに融合的で情優位である。そして、情の体験においても自他融合的に体験される傾向がある。正確には自他融合的というよりも、その「場」において体験されていると言うべきであろう。そして、主体であれ、対象であれ、集合性は空間性として，つまり「場」として体験されることになる。実際、「場」に対してある種の敬意を表する行為を日本におけるいくつかのスポーツ競技にみることができる。単に武道のみならず、例えば外来競技の野球にしても、選手はグラウンドに一礼をして入り、退去するときも一礼をする。欧米の人々からみれば、実に不思議な仕草にみえることであろう。また特に武道でいわれる無心の境地や無我の境地といったものも、このような特性を示していると思われる。例えば、無我の境地を取り上げると、ここでなくなる我は，個としての我であって「場」と重なった我ではない。つまり、「自分」の「分」を限りなく小さくし、「自」に委ねることを意味する。したがって、「自」と「我」が一体化した様態を表しているのである。そういった意味では、決して「我」が無くなっている訳ではない。言い換えると、決して茫然自失の状態を表しているのではない。また、無心や無我は、コズミックな主体であると言える。このコズミックな主体にとっては、いわゆる「無意識」といったものはある意味不要になってしまう。コズミックな主体はコズミックな意識がその根本に有ってその本質を構成しているのであり、そこに意識と無意識を区別する必要は全くないのである。本来的な調和律が働いており、自然な枠組みの中で現象することになる。

おそらく日本人の主体性を，個との対立概念としての集合性で捉えるだけでは不十分であろう。というのは、個が未分化な集合体としての主体以上に、生命の流れとしての同一性が深層に存在するからで有る。つまり、単にアニミスティックなあらゆるものとの通底性、同一性ばかりではなく、確実に宇宙的なものへの連続性が想定されているのである。ときに自身とは対極に有るものとしての宇宙

（的なもの）への開けを自身の裡に持っているのである。宇宙的な自己感の特徴は、空間性ばかりではなく、永遠の時間性をも含んだ無限の広がりとの一体化を意味する。

ユングが仮定した集合的無意識についても、ここで述べている時間（歴史）性と空間性の広がりといった点で共通する特徴をみることができる。しかし、両者の相違点をみるとすれば、ユングのそれが意識・無意識の観点でもって、ときに「私」と対立・対峙するものとして、つまり自己の一部としては有るものの、「私（自我）」にとっては「他者」として有るとするのに対して、筆者のそれは「私」と繋がるものとして、「私」の延長上に有るという点であろう。それは、分離個体化された「私」と、融合的で集合的な性質を保持し続ける我が国における「私」の在り方の違いによって生じていることである。筆者なりの命名が許されるならば、ユングのそれは「宇宙的無意識」であり、筆者のそれは「宇宙的自己」となる。しかし両者は，主体にとっての体験の仕方や位置づけは異なっていても、かなりの部分が内容的には共通していると考えられる。

おそらく、我が国の古語文化において非常に重要な言葉に「あはれ」と「無常」がある。後者は仏教文化と末法思想が色濃く反映されたものであるが、この無常観には一般とは異なる着想があり得る。無常観に関しては，万物流転の宿命として，常なるものは一切無いという解釈が成されている。しかし、方丈記の有名な冒頭の行、

ゆく河の流れは絶えずして、しかも元の水にあらず。よどみに浮かぶ泡沫はかつ消えかつ結びて、久しくとどまりたるためしなし。

において、河は常に流れている。この河は時の流れとも歴史とも言える。つまり、常ならずと捉えるものは、常なるものの表層にほんの一瞬，現れ出るだけなのである。そしてそのほんの一瞬に姿を現す泡沫に目を向ければ、確かに無常である。とは言うものの、ここでの川の流れを単なる儚い時の移り変わりだけに止めるのは間違っているように筆者には思われる。万物流転、無常の宿命は納得しつつも、それでも脈々と受け継がれるもの、綿々と紡がれていく流れを根底で感じ確信しているように思えるのである。つまり、ここで現の世界を無常と捉えつつも無常の背景あるいは根底に有る連続性・不変性への感嘆から立ち上がってくる想いこそが「あはれ」という感嘆なのである。

西洋において、とかく個人の同一性（自我同一性）が重要であるのとは対照的に、アニミズムが根強く残る民族ではそれほど重要な問題とはならない。宮沢賢治の『春と修羅』の冒頭にある有名な一節

わたくしといふ現象は
假定された有機交流電燈のひとつの青い照明です
（あらゆる透明な幽靈の複合體）
せはしくせはしく明滅しながら
いかにもたしかにともりつづける
因果交流電燈の青い照明です
（ひかりはたもち　その電燈は失はれ）

にも、先の方丈記の冒頭に通ずるいのちの捉え方を視ることができる。佛教における「生かされてい

る」という感覚は、「いかに生きるか」を問い続ける西洋の人々とはその違いが際立つ。先述の川の流れこそが同一性そのものとしてあり、それぞれの人の一生がその同一性に加担・貢献しているという形態で保持されているのである。このことは同一性の感覚も個人のそれではなく集合的なそれであるといえる。日本人のこの根底に有ると思われる同一性、連続性がいわば場所的な主体へと重なる媒介となっていることは明らかである。もちろん、このような連続性はアニミズム心性の特徴であると考えられる。アニミズムにおいては、主体はすべての根源となり万物そのものでもある何かが現象しているものであって、例えばひとりの人はこのすべての根源なるものを「分有」しているに過ぎない。言ってみれば、人は単数であれ複数であれ、宇宙の摂理とともにあり、まさに宇宙の摂理を体現するためにあるのである。このような感覚は、ひとりの人間の中に自ずと二つの主体感覚を持たせることになる。つまり、ひとりの人としてのそれと、万物の根源なるものへの通路としてのそれである。

「自分」という体験の有り様は、一方で「自他」の区別といった表現にも通じるものがある。いわゆる「自」には、「非‐自」という「自」の否定形でしか捉えることはできない。何故ならば、「自」に特別な境界を設けることはできないからである。それはすべてのものを包含することが可能だからである。したがって、本当の意味で「他」の反対語を挙げるとすれば、それは「己」となるであろう。「自分」という概念が汎用性のある言葉であるとすれば、「己」は自ずから分かつ、つまり「自分」の一つの極を意味する。したがって、「自己」という場合、その言葉は「自」の世界の中で最も、西洋で言うところの「個人」に近いものを意味する。究極的な分離個体化を達成しないからこそ、則天去私の境地や無我・無心といった境地を唱えることが可能なのである。そしてそこで示される境地は決して主体の滅失・消失を意味しているのでは無い。無我・無心によって浮かび上がってくる主体はつまり「則天」、「自」であり、森羅万象世界を全体としてその一部を分有する形で成立している「自分」にとっては、その根源的な有るものへの拓けだということができる。

異界への拓けについて考察する必要があろう。というのは、「自分」というあり方が森羅万象と繋がり得るそれであることをここまで論じてきたが、自己との連続体としてすべてが包含されている訳では無い。「自分」というあり方においては他者はすべて相対的であり、いわゆる絶対的他者は存在しない。そのことは次のように言い換えることも可能である。つまり、自己は体験的に常に相対的で、絶対的自己は存在しない、と。日本の神道や仏教においては、神と対峙することは困難である。そうではなくて神や仏に身を委ねる・任せるということができるのみである。それは神性や仏性として有るのであって、絶対的他者としてはないからである。

日本の神社には拝殿に鏡が祀られているのをみることが有る。古代は鏡に霊力があると信じられていたというのが一般の通説である。もちろん筆者は日本古代史の研究家ではないので、この鏡について述べることは筆者の連想でしかないことを断っておきたい。しかし、少なくとも幾分かの真実が筆者の連想に含まれているということを筆者は確信している。現に埋葬の際に副葬品として多くの鏡が亡骸を覆い囲むように配されている。鏡に感じる妖しさを古代人は強く感じていたに違いない。鏡が映す世界は、視る者にとって三次元的に鏡面で広がっているにもかかわらず、鏡そのものは厚みが少なく平板でどこにもその広がりの世界を収納するような空間はない。自身の虚像としてばかりでなく、おそらく異界への入り口として、異界を垣間見る体験として異界の存在を確信する何かとして体験していたのではなかろうか。副葬品の鏡はいわば無事に異界へと亡き人の魂を送り届けるための通路としての意味があったと筆者は考える。言ってみれば異界の入り口としての鏡が多ければ多いほど、無事に彼岸へと行ける可能性が高くなるばかりでなく、行き先としての異界の選択肢が増えることにもなるのである。

鏡の世界体験(1)は、実体としての肉体を持っては入れない世界で、実体としての肉体を離れて始めて入り込むことが可能な世界となる。鏡に映る体積のない虚像の世界には、体積のない魂となって始めて入り込める世界、つまり生きていては入れない世界で、逝くことによって始めて行ける世界が現前されているということになるのであろう。死者が行く世界(冥界、霊界)の存在を古代人は鏡面の虚像の世界にみていたに違いない。より正確に言うならば、鏡面に映し出されている像の向こう側に、つまり前に立つ者・ものを映すことで隠されている世界、実際に鏡の中に入り込んだときに見える世界がその向こう側に広がっていると想像していたのではなかろうか。生きている者は鏡にこの生きている世界しか視ることはできない。鏡に入り込んでしまえば鏡の前に広がる虚像の世界に覆い隠されて、鏡には映らない(現世に有る者は決してその姿を視ることができない)。姿が消える／みえなくなってしまう。古墳の副葬品として棺の中で遺体を覆うように配置されていた銅鏡の裏側には神獣などの文様が象られている。某かの呪いもしくは冥界への入り口として故人の魂を冥界へと導く道案内だったのかもしれない。

日本人的主体における祈りは、神性や仏性に身を委ねるあり方と異界(神仏の世界)へと通すというそれがあることが明らかである。多神教の特性として、確かに万物を産み出す特別な能力を神は持ち合わせているものの、彼らは色恋沙汰や権力闘争など、つまり人間界と相似的な世界を繰り広げているのである。ここに一神教にみられるような人間との絶対的なあり方の相違をみることはできない。アニミズムが自然崇拝の傾向に有って、アニミズム信仰の人々は自然のなせる技やその偉大さ壮大さ、調和律に感嘆し、そこに神のみ技を感得していたに違いない。普段触れたり使ったりするものについても、単なる物に終わることなく、長く付き合えば付き合うほどに伴侶のような意味を持つようになり、やがて魂を持つものとして体験的に位置づけられるようになる。言ってみれば、もの言わぬ物でも擬人化されるかのように扱われる。ただの道具に対しても同情ができるのはアニミズムの最大の能力だと言える。つまり、現世に有るものはすべて神に通ずる霊魂を宿し得るものとして体験されるのである。もちろん理性的な思考においては、このようなことはただの幼稚な認知ということで片付けられるのであろうが、幼稚なことこそ、自然なことであるのは疑いようのないことである。

ここで、神もしくは超越的存在とはどのようにして我々の生活に入り込んできたのであろうか？このような問を立てると、我々こそが神の生活に入り込んだのではないかと信仰心の篤い人に反論されそうである。なぜならば、我々の登場以前に神は有ったのであるから。しかしそのように反論しても、事実神が有るとしても、我々が神を知ることがなければ、我々にとって神が有ることにならない。

では、神がなければ、我々は祈ることはなかったのであろうか？　我々が未来に向けて希望したり願ったりすることは、過去を振り返り、頭を痛めたり悔やんだりすることと同様に我々が時間軸上の展望を持ち得たことと密接に関連しているであろう。希望したり願ったりする行為は予測し期待することとは一部重なっていて似ているところもあるけれども、両者は微妙に異なっている。祈る際には、ほぼ確実なことが確実に実現するように祈る場合と、反対にほぼ不可能と思われることが実現することを祈る場合とがある。いずれの場合にも、先行きに対する予測が有り、実現の可能性が見込めると読んでいるときに本人にとって好ましい結果となることを願い、その実現を期待するということから祈りという行為は生じる。つまり、祈りには通常では起こらない例外的なことの実現を祈る場合と、全く逆に例外的なことが起こらないようにと、すなわち想定外のとんでもないような事態とならないようにと祈る場合が有るのである。期待とは異なり、祈りは例外的な、実現可能性の低い事象に関しても営まれる。それは期待が実現可能性とほぼ同義に使用されることでも理解されることである(ex. 期待が高まる)。とは言え、祈りには日々の祈りのように、日常の平凡で安穏な日々が過ぎるようにと祈る場合の有ることを考えれば、期待とは異なる、一般に神と呼ばれる超越的存在に向けて発せられている。言い換えれば、祈る者と彼の願いとの間に超越的存在を介在させている点で祈りと期待は大きく異なる。

多くの動物は過去の経験は学習となって行動の変容を生じることも有るが、通常は人間のように悔やんだり反省したりすることもなく忘却される。我々は過去を振り返ることで過去から現在・未来への時間軸を意識できるようになったと言える。過去への振り返りは生活史として一つの物語を構成することになる。この物語はその人の人格の一部を構成する。人生物語は時系列にしたがった事象の羅列ではなく、因果や因縁による関連づけや意味づけが成される。諸事象はその多くが単なる偶然としてみることも可能な単なる布置でしかないのであるが、物事に繋がりをつけずにはいられないのが我々人間の性なのであろう。そのことはさまざまな出来事の背景には何者かによる何らかの意思が働いているという思いがあると考えられる。しかしそれは元々、当人が一つの物語として人生や周囲で起こるさまざまな事象に意味づけしていく営みが先に有ることは明白である。ここで想定される何者かは、自身をも含めた経験世界を包越的に捉える視点の投影であると言うことができる。

我々は発達の早期に、或るものが見えないからと言って無いわけではないということを知る。たとえそれが目の前から姿を消したとしても、必ずしも消滅したわけではないことを知る。このようにして我々は見えないものの有ることを知り、過去から現在、未来への思考の時間軸を獲得する。消えたものについて考え、やがて現れるものについて思案する。とりわけ、無いものや見えないもの・聞こえないもの、現に感覚されないものが有り得ることを知ることで思考が発達し、言葉によって抽象概念までも捕捉したことが彼岸への想いをつくり上げたに違いない。誕生前と死後について想いを馳せるようになったのであろう。それは自らの生命だけでなく、人間の誕生について、やがてはこの世界の誕生についても思索するようになったのであろう。自然の法則性や摂理の存在は大いなる者の存在を考えずには居られなかったに違いない。

創世記にはひとつひとつこの世界を創造する神が登場する。天地開闢神話は世界各地において伝承されているが、それらはほとんどが似た展開を示している。ただ創世記の特徴は、神と人間の物語という点である。それに対して日本の創世神話（古事記、日本書紀）は、神と神、神の世界の事情、そして神がいかにしてこの地上に降りてきたかを語っていて、神と人間との遣り取りは登場しない。あくまで彼岸の世界（消えてなくなった過去）の話が語られている。そうすることで此岸の世界の由緒・由縁を描いている。そういった意味では、創世記は人間と神との過去の因縁について記述しているということになる。神を万物の創造主とする出発点は創世記と記紀は同じでも、神がこの地上に降りてきて、それぞれの土地に隈無く力を及ぼす様を描写するところが記紀の特徴で、それは神が人の世界と非常に近しく有ることを意味している。それに対して創世記では、常に神は絶対的存在で、人間界・地上界とは一線を画している。ギリシャ神話には、神が人と交わり、半神半人が誕生するところもあるので、人間界と近しいことが分かる。このように考えていくと、一神教と多神教という区分が成されるが、アニミズムでは絶対的な神が有りつつも人間に近しく有り、一神教は人間界と一線を画した絶対的な存在として分立していることがわかる。そういった意味で、イエス・クリストが人の子として生まれたという事件は一神教としては極めて例外的な有り得ない出来事であったということになる。

結論としては、アニミズムにおいては、人は神（々）と非常に近しい関係に有り、敬虔な一神教信者が信仰において神と近しく暮らしているその近さとは全く異なる生活がそこに有る。後者が神と対峙しながらの、つまり超えることのできない絶対的な境界を隔てての近さ、つまり神は絶対的超越的で有ることに寸分の揺らぎもないまま、信仰によって精神生活としては極めて親近となる生活であるのに対して、前者は人と神が重なるような近さ、鏡の写し絵世界のように人と神の暮らしが重なっているのである。このことは絶対的な分立を前提とする体験の仕方と、包まれる自分と包み込む自分という主客が併存並立するそれとの違いを創出する。後者は鏡に映る自分と鏡に映す自分という鏡の世界体験に繋がっている。対峙する超越者と自己の体験が垂直軸に並ぶのに対して、アニミズム心性にあっては内と外で構成される。アニミズム心性には、自らの心の深奥と自身の遙か彼方とが融和する、主客の融合（混乱）による述語的同一性への親和性がこのようにして生まれる。アニミズム的多神教において人々は神々に包まれ囲まれて生活するのに対して、一神教においては神の視線に曝されて（見守られて）生活していると言えるのではなかろうか。

かつて筆者は面接場面における治療者と来談者の想いの往相と還相について論じた(2)。おそらく治療者も来談者も面接場面において意識しているしていないにかかわらず、無意識の裡に相手を鏡のように見立て、話している自分と話されている自分の、能動と受動を同時に体験している。もう少し詳しく叙述するならば、面接に限らず対話の中で相手の話を理解しようと試みて耳を傾けるとき、相手の話を聴く私と話をしている相手に重ねた私、話をする私とそれを聴く相手に重ねた私とが併存している。これは鏡に映る自身の姿を見て、鏡に映る虚像の私を見ている私と鏡に映る虚像の私に見られている私、鏡に映る虚像の私に重ねた私が見ている実像の私と実像の私に見られている虚像の私に重ねた私とが併存している体験と同じである。

このような能動と受動の併存、主客の混同は精神病理学的には述語的同一性と呼ばれ、一般に精神病的知覚・認知の特徴とされる。日本語会話においては主語の省略が日常的に起こっていて、しかも西洋の言語のように主語に伴う動詞の活用もない言語においては特に主語が曖昧にならざるを得ない。しかし、かといってこのような言語表現が日本人心性においては必ずしも精神病的であるとは言えない。むしろ伝統的日本人心性では、眼にするものに自身、正確には身体イメージを重ねる傾向が有る。それは自身の鏡像（虚像）に対峙すると言うよりも身を重ねてしまう傾向と同じである。つまり、鏡像を自身であると同定（客観化）するばかりでなく、日本人においてはその虚像に身を重ね、述語的同一化の如く主客の両面をみて述語同一的に体験されるのである。

信仰や祈りは包越的自己による現自己（主体・実体）と仮想自己（客体・虚体）の統一作用で有ると筆者は考えている。つまり、「自-分」という枠組みの中で、鏡の世界に住まう（映る）自己と現自己の統合の（「自分」となる）営み（試み）であるという結論に至る。

祈ることと身体

以前の論文で、筆者（2001）[3]は沖縄研究の成果として「住まう」ということについて筆者なりの考えを述べた。そこで重要なことは、身体像つまり心理的身体の問題である。「住まう」ことと対になるのが「住処」の問題である。ある生活の場を住処とするには、自己の身体像の重ね合わせが必要となる。生活の場自体が心理的身体として体験される必要性である。ここ最近「居場所づくり」という言葉を耳にする機会が増えているように思えるが、この言葉自体が意味するところは、現代人がいかに実体としての自己の身体に囚われ拘束されて、非常に不自由に生活しているかということである。こころが虚体としてある以上、生命活動としては実体としての身体に拘束されてはいるものの、精神活動としては何ら身体に拘束される必要はない。むしろ虚体としての身体、つまり心理的身体、身体像を自由に操ることができる。実体では入ることのできない虚像の世界、鏡像の世界にすら入ることが可能である。もちろんそのような心理的身体の自由な活動は、住処としての身体がいつも帰り着く場所として調えてあることが前提となっている。住処を持たない漂泊する身体像があるとすれば、それは根無し草となってしまう。となれば、おそらく居場所づくりの支援を必要とする人は実体としての身体から心理的身体（身体像）解放することがそのまま根無し草になってしまうような不安ないし恐れ、帰り着く住処を喪失してしまう恐怖を感じている人なのかもしれない。

ただ、ここで筆者が確認しておきたいことは、祈りには身体像が伴わねばならないということである。言うまでもなく、祈りの際の所作を言っているのではない。手を合わせ閉眼するのは祈りに集中するためであって、祈りに必要不可欠のことではない。この所作はいわゆる想念に身を入れるためのひとつの工夫だと言える。

視点を変えて、精神分析の英国対象関係論において無意識の空想は非常に重要な意味を持っている。それらは人格の中核かつ根本に位置していて、さまざまな経験の発生源としてあるいは経験の色合いを決定するものとして機能している。その一方で意識的意図的な空想は躁的防衛として一切経験に寄与しない。前者が現実と相互に影響し合うのに対して、後者は現実の否認の上に成立しているからである。後者が現実を否認しているという状況は、言い換えると身体像を伴っていないことと同義である。身体像を伴わない空想の内容は経験として成立しないのである。身体像を伴わない空想はいかに壮大な内容のものであろうと、住処である身体に刻み込むこともも持ち帰ることもできないのである。他方、クラインが重要視した無意識の空想は、身体から湧出していると言っても過言ではない。むしろ身体そのもの、身体的心理という方が適切かもしれない。無意識の空想は（身体の）生命活動と切っても切れない関係に有るのである。

心理療法場面での経験についても、さまざまな出来事を想起したりそれに伴う感情を追体験したりできるのは、心理的身体を伴って追想しているからに他ならない。身体像を伴わない回想が経験とならないのは空想の場合とと同じである。日常的に用いられる「身を入れる」「気持ちを込める」「魂を吹き込む」と言った表現は、単に思うのではなく、対象となる行為やものに対して自身の身体像を重ね合わせることを意味している。臨床場面においては、来談者が治療者を通して過去のある出来事をまざまざと思い出し、今ここで生起しているかのようにその出来事を追体験することで真の洞察へと至る。単なる言葉だけの回想で何らかの理解に到達できたとしても、その理解はときに知的な洞察に留まる可能性が高い。年表を繰るように自身の半生を回想したところで、人格の変容をもたらすような体験は生じにくい。その理由は基本的にそこで獲得される理解は記号的な情報に過ぎず、主体と深く関わるにはその理解を自身のものとする身内化（embodiment）もしくは受肉（incarnation）が欠かせない条件となるからである。ある事象が記号的に、つまり代用の言語によって把握された場合、単に辞書的な意味の知識を得るだけに留まる。他方、ある事象が身を入れた体験として成立した場合、その意味は達成の言語となって本人にとって様々な意味を創成することが可能なものとなる。すなわち臨床的に意味のある体験が生じているということになるのである。事象は知ることの身内化がなければ、頭では自身のことと知りつつも、体験的には他人事と変わらないという現象が生起することになるのである。

心理的身体を伴うこころの探索は、自身の外側にあるものをこころの裡に摂り入れて、外に目を向けると言うよりも内側にこころの眼を開きながら精査するという感覚に近い。ウィニコットの後継者のカーンは夢の臨床精神分析的研究で、[4]それまで一般化されていた夢幕（dream screen）という概念を夢空間（dream space）のそれへと発展させた。カーンはさらに夢の臨床においては体験する（experiencing）ということが重要であるということを主張する。この展開の流れは、まさに「夢をみる（夢幕）」から「夢の中で経験する（夢空間）」へと進んでいったことを意味する。これは、今筆者が述べている身内化・受肉と同義である。夢幕においては、幕上に映る夢をみているのであって、これは鑑賞するという姿勢が強調されることになる。つまり、夢の内容を検討することによって生み出されるものはまずは知識であり情報である。精神分析の素材としての意味は十分にあるけれども、それだけでは夢そのものとは体験的に遠い。言い換えると、夢の世界に住んでいない、夢を生きていないのである。夢の鑑賞という表現を用いたが、夢幕は上映される内容と夢主が対峙する関係にある。極端な言い方をすると、夢は夢主の外に有る。夢と夢主の間に距離があるのである。他方、夢空間という概念においては、夢主は夢の中を、つまり夢という空間の中で夢を生きているのである。夢を自身の中に摂り入れ（身内化）、夢を自身のひとつの住処として暮らしている（体験している）ということになる。情報や知識ではなく、体験がそこに有るのである。

カーンは精神分析場面を、フロイトの創作した過程を検討し、被分析者が目覚めつつ夢をみるそれと結論した。つまり、分析場面で被分析者はさまざまな記憶を想起し、分析者をはじめとする彼の生活や人生にとって重要な人物についてさまざまに想像し、さらに無意識の空想を働かせることによって、転移などの「夢」を覚醒しつつみる（体験する）のである。分析場面は分析者と被分析者の精神分析治療という現実と、分析者を介しての被分析者の夢とが錯覚を通して重なるという場になるのである。その構造は、夢を抱きながら夢の中に自身が有るというもので、夢を抱く自身と夢の中に入り込んでいる自身という二重の主体が有ることになる。

この構造こそが筆者が身内化や受肉、同一化として表現していることである。鏡の世界体験にも通じる主客が分離しつつ融合もし、包容的「自」と個別的主体的「分」が「自分」として現象している瞬間である。この構造こそが人が祈るときの有りようであり、心理療法場面に共通するところなのである。主体にとって祈りの対象は自身の外に有りつつも同時に裡にも有り、祈っている「私（分）」と祈る「私」を包容する「私（自）」の二重性が存在している。筆者の印象に過ぎないが、普段教壇に立っていて昔と今の学生を比較すると、この二重性を伴う体験に大きな違いを感じる。今の学生は昔の学生と比較して情報を情報として獲得する傾向が強く、昔の学生の方が情報を身内化して体験する傾向があったように感じる。今の学生は事象を包容的に捉える傾向が弱いように感じる。ときに身体性も記号化してしまったのではないかとすら感じることがある。「自-分」という構造を失い、「私」だけになってしまったという印象である。主体の包容的構造は「住まう」という営みを容易にするものである。究極には自身の身体が「私」の「住処」となっていることが前提として有る。身体像の拡大・投影による「場」への重ね合わせが「住まう」ことの本態なので、結局のところ、主体としての「私」が「自-分」という構造を失うとしたら、住まうことの難しさや居場所のなさを感じやすくなっていると思われる。筆者が以前「心的世界の平板化」[5]として問題提起した臨床的課題は、今の筆者にとっては身内化・体験化の難しさとして概念化される。筆者の印象が適当するものであるならば、現代人は祈りを忘れつつある人々だということになる。身内化・体験化に欠ける人々は、見方を変えると、「信じる」という営みにも差異が生じることになる。

信じることと心理療法

「信じる」ということが人の持つ生きるための潜在力を発現する一つの要素であることは疑いようがない。ここで信じるというとき特定の宗教・信仰を言っているのではない。homo religiosus という言葉は人間の持つ宗教性を証すものであるが、この場合の宗教性も決して特定の宗教の信仰に限って言っているのではない。人は何かを信じ、何かに託して祈る。もし何も信じるものがない人であれば祈ることは決してないはずである。しかし、何もかもに絶望した状態であっても、絶望の淵から何もかも信じることのできない状況にあっても、何ら信じることのできないその何ものかに向かってささやかな希望を願う祈りは有り得る。真の祈りでは希望が叶うことを願いつつも、それが必ずしも叶うものではないことを祈る者は知っている。知っているというよりも承知している。それでも祈る。言い方を変えると、究極の祈りにおいては、信じられない（願いが必ずしも叶うわけではない）ことを知りつつも、信じて祈るのである。その態度には一部の諦めにも似た受容性と希望と断念への投企が共存している。たとえ祈りが通じなくとも、つまり願いが叶わなかったとしても、本人はその結果を受け容れる準備ができているのである。しかし、合理的に考えるならば、必ずしも願いが叶わないとするならば、何ものかを介在させて祈ることは結果として無駄である。では何故、人は祈るのであろうか。それは生きる「私」を包容するためであり、与えられた生を全うするための包越（umfassende Transzendenz）の試みなのである。

信じるという営みにはその対象が何ものかは不明であっても、生きる「私」の包越の萌芽がある。逆に絶望的状況、つまり何もかも信じることのできない状況に有っても、もし信じられない何かを信じる、徹底した不信、つまり何も信じられないという確固たる信念もまた包越の萌芽を抱えている。両者に共通するのは生きる状況への投企である。両者には根底において真摯に生きるという営みであるという点で共通している。

心理療法は治癒や改善を確約するものではない。特にその開始時点では、結果を何ら保証できない。まさによくなるかどうかも判然としない中で、心理療法は開始されることになる。来談者の投企が求められる。もちろん、心理療法家は自身の理論と技法に確固たる信念が有る。信念があるとまでは言えなくとも、彼は自身の技法を信じているだろうし、少なくとも信じたいと強く願っているはずである。結果が約束されない状況で、来談者は心理療法（家）を信じて、あるいは信じるとまでは言えなくとも信じてみようと試みて、彼は心理療法を開始する。

心理療法の本質は、来談者の生きる「私」の包越の試みを援助すること、少なくともその機会を提供することである。分析心理学では治療者は化学反応を促進する触媒に譬えられることがあるが、来談者の包越は来談者自身の鏡の世界からの包容によって生じる。一つの機序として治療者は鏡なのである。来談者は鏡を覗き込み、鏡に映る世界を面接の中で生きることになる。精神分析治療において、「作業をし尽くし、問題を徹底的に解決すること」(Durcharbeiten　working-through)と呼ばれるものは、筆者からすると「生き抜くこと」つまり「生き抜いて徹底的に自身の生を包越すること」(Durchleben　living-through)である。徹底した自身の内面世界、つまり自身の「生-命」すなわち「生」きることと「命」(ミッション)」の探求である。心理療法場面そのものが来談者の住処となって、そこでの事象が身内化され、体験化されるのである。

治療者は鏡の世界体験を生じるための技法を駆使するわけであるが、心理療法が効果を発揮するためには今述べた、心理療法場面そのものが来談者の住処となる必要がある。より正確に言うならば、来談者は心理療法場面に居て面接の作業をするだけでは必要条件を満たしていない。心理療法場面に自身を拡大・投影し重ね合わせる必要があるのである。そうすることで、面接場面は来談者の身体を意味するようになり、そこで生起する事象は自身の内側、つまり身内で起こったこととして内面(体験)化されることになる。この条件が満たされていれば、心理療法場面での気づきは体験として来談者に根付いていく(人格化される)ことになる。

心理療法場面が来談者の住処となるには、つまり来談者が自身の身体像をそれに重ね合わせるには、彼が心理療法に投企する必要がある。心理療法の手続きに従っているだけでは必ずしもそうはならない。従順に従っている間に来談者が心理療法(家)を信じるようになったとき初めて、面接場面が身内化されることになる。結果が約束されなくとも、心理療法(家)を信じようとして積極的に試みる作業は面接場面を身内化する努力であると言える。たとえ、心理療法(家)に対して強い疑念を投げかけ続ける場合であっても、面接が継続している限り、面接場面を身内化する努力であると言える。先の従順な受け身的な始まりであっても、結局は「信じる」という来談者の能動的・自発的な要素・投企が心理療法には絶対に必要不可欠なのである。

「信じる」という場合、ここでもただ情報として「信じる」場合と体験として「信じる」場合の少なくとも二つが区別されねばならない。もちろん前者から後者への変化もあるだろうし、その逆もあるかも知れない。心理療法が有効なものとなるには、面接場面で生起することが体験として来談者に根付くことである。そのためには言うまでもなく、体験として信じることが必要なのである。先に「夢幕」から「夢空間」へとカーンが夢分析の理論を展開させたことに触れたが、被分析者が分析家という銀幕上に自己を投影するという分析場面の捉え方があった。これはおそらく、銀幕上に映し出されたものを被分析者が体験として肉付けするのは当然とされていた時代背景があると思われる。だからこそ、知的洞察といって分析が進んでも被分析者に根付かない場合の有ることが後に明らかになったのであろう。筆者が「鏡」という概念を用いるのは、虚像であれ三次元的な広がりを映し出すからである。身体は当然三次元であり、その投影はもちろん三次元のものでなくてはならない。二次元的な投影は付着同一化に似た現象を生じることになるであろう。この問題についてはもっと吟味検討することが求められているように思う。

心理療法（家）を信じ、心理療法場面を住処とした来談者は面接場面での事象を体験化していく。そのとき治療者は鏡としてまた触媒として機能する。確かに治療者はそれに必要な技術に通じているのであるが、実際のところ、心理療法は来談者が自力で進めていると言っても過言ではない。と言うのは、来談者の変化する力は来談者のもので、来談者が治療者を経由してその力を自身に発揮しているだけのことだからである。この構造は実は祈りに通じるものである。それは、治療者を信じることで、面接場面そのものが身内化され、眼前に実在する治療者も知覚されてはいるが、来談者の内面に取り入れられた治療者像こそが臨床的に重要だからである。と言うのは、眼前の治療者との遣り取りや彼を通して関わる不在の対象との出来事が生々しく体験されると同時に包容される。包容する「自」と体験する「分」の二重性が成立する。この体験の二重性は包越するための必要条件である。「「祈りのコスモロジー」」の節の最後に述べた、信仰や祈りの行き着く包越的自己による現自己との統一作用、つまり鏡の世界に住まう（映る）自己と現自己の統合の営み（試み）が心理療法において実現することになるのである。宗教（religion）の本来の意味が「繋ぐ」ということであるのは、「信じる」ということが背景に有るからである。したがって、その本質は「信じる」という営みに有るのであって、究極的には宗教や宗派は必ずしも前提とはならないと言える。要は、「信じる」という営みこそが宗教「的」なのであって、それは一つの人間の能力と言えるもので、決して特定の宗教が祈りよりも先に有るわけではないということになるのである。

心理療法と祈り

ここまで長々と祈りのコスモロジーについて論を進めてきたが、ここでは心理療法場面について検討したい。

心理療法場面が日常的な時間と空間の枠組みの中で非日常的な体験を創出することは心理療法家であれば誰もが認めることであろう。その最たるものが転移現象である。人は歴史的時間を生きる存在であるが故に、今の此処であっても、今ではなく此処でもない場面の想いも抱えながら生活している。比喩的に言ってみると、想起できない記憶はこころの世界から異界へと放り込まれたそれである。想起できる記憶はこころの引出に収納されているのであるが、いわゆる抑圧されたそれは覆いを掛けられた状態に置かれ、周囲に keep-out のテープが張り巡らされている。きちんと埋葬された記憶はいわゆる土に還ってこころの糧（人格の一部）となる。きちんと埋葬されていれば問題はない。抑圧された記憶は主体の注意を惹きつつも覆いの下に有るものが何かは確認できない。

他方、その個人の生活を著しく混乱させるであろう記憶はいわば仮死状態（suspended animation）のまま、すなわち忘却されることなく異界に放置されていると言える。注意がそこまで及ばなくとも、つまり意識されることが有ろうがなかろうが、未消化のまま時間が止まったようにそこに有り続けることになるのである。このように有り続けることが、つまり時間の流れが止まったままになることが、日常の生活世界から隔離され異界に位置づけられていることになる。鏡に映る虚像の世界に有りながら、鏡の前に有るべき実体はない。心理療法では、虚像の世界から実体のある世界へ仮死状態に有る記憶を連れ戻し、蘇生（洞察）し、回想（追体験）を通して人生におけるその意味と位置づけを行い再構成する。個人の人生史上にしっかりと位置づけることできちんと埋葬することになるのである。

このように叙述を進めると、心理療法と祈りは葬儀として接点が有るかのような誤解を招きかねない。両者が特に密接に関わるのは、何よりも改善を祈るような思いで治療者と来談者が出会っているということ。心理療法の場面が非日常性の場を創出するということ。そして、そのような枠組みの中で、来談者が想いを時空間上のあらゆる地点へと巡らすとき、彼（女）は治療者を通して重要な対象と出会うことになる。祈りが此岸を離れて彼岸へと想いを向けていく営みであるのと同様に、また面接場面においても来談者は治療者を前にこころの裡を深く深くみつめていくとき、目の前の治療者を通して彼岸に有る、つまり眼前に不在の対象を見いだす。見いだすといってもはっきりと姿を見ているのではなく、治療者の向こう側に、つまり治療者の背後に隠れている姿を「感じる」のである。言い方を変えるならば、治療者が鏡となってその不在の対象への通路となる異界への窓を開いているということになるのである。

そしてさらに、このことは筆者が沖縄研究において神事祭祀を現地調査しているときに気づかされたことであるが、祭祀を執行する神女の方のあり方とその祭祀を観光に来られている方のそれとの決定的な違いに端を発している。その違いとは、神女の祈りは天地の彼方、海の彼方へと向けられているのに対して、観光客のそれは目の前で繰り広げられているパフォーマンスで終わっているということである。観光客の視線は決定的瞬間を捉えるべく熱心に、それこそ神女の一挙手一投足を見逃さないようにカメラを向けてシャッターを切っている。一心に祈る神女と観光客とは同じ時と場を共有しつつも、全く異なる相容れない世界に有ることを実感させられたのである。言い換えると、神女の祈りは此岸から彼岸へと、つまり現に今居るその場から迸り出るような何かを感じさせられるのに対して、観光客はあくまでその時その地に留まり続けている。観光客のそれは実体として有る身体にこころが拘束されているという印象を強く抱かされた。つまり、多くの観光客の目当ては彼岸へと想いを馳せることではなく、彼らの眼前で展開する決定的瞬間を此岸に強固に縛り付ける／拘束することであって、それ以外の可能性を彼ら自身が体験的に閉め出していたのである。

実は心理療法と祈りに通底するものは、必ずしも面接の中で祈るような想いで治療者と来談者がいることばかりではなく、まさにこの実体として有る身体に住まいつつもそれから離れて、神女の祈りにみられるように想い（心理的身体）をあらゆる時点地点へと自由に赴かせるところである。

転移と呼ばれる現象は過去の再演として理解されている。当初は過去の重要な対人関係を治療者との間で繰り返すこととして、いわば治療者に対して不適当な感情を向けることとされた。しかし、祈りのコスモロジーで述べたように、治療者に対して感情を向けているようにみえる現象は、実は治療者の向こう側に今不在の重要な対象をみているのであって、治療者の方向に向けられてはいるが、決して治療者に対して向けられているわけではないことがわかる。現に筆者の自験例において、「筆者」に対しての陽性の感情と陰性の転移感情とを同時に体験し葛藤している成人患者がいた。しかし、彼は、「筆者」への陰性の転移感情を味わいながらも、その陰性感情が筆者に対してのものではないことをも自覚していた。彼は筆者への陽性の感情が高まることで、対照的にある重要な外傷的な出来事の記憶とその対象への感情が刺激されて、そのときに纏わる感情を顕著に体験していたのである。彼は「筆者」への陰性感情を観察しながら、筆者の大した治療的介入もなしにこのことに辿り着いた。彼は筆者を目の前に居る人としてみながら、筆者の向こう側に彼にとって非常に重要であった、今ここに不在の対象をみつけだし、そのときの想いを「今、ここで」追体験しながら、筆者を通してその対象に向けていた。彼は筆者に対する両価的な感情に悩み抜きながら、結局は陰性感情の起源に自身で気づき、自覚したのであった。

「祈る」という営みは、視たことも、その声を聴いたこともない、その存在すらも確定できない不在の対象と関わることのできる、人間の持つ偉大な能力の一つであると言える。眼前にない此岸の世界や対象ばかりでなく、彼岸の世界や対象にまで想いを馳せることができるのも、人間に与えられた偉大な能力の一つである。心理療法においてこころの世界の探索が現実的客観的な事象だけでなく、無意識の空想や想像にまで時空を超えて、ときにその個人をも超えて探索が可能なのは、まさにこの能力に依るところである。結局、心理療法は「信」じる能力と「祈」る能力、そして虚像の世界に入り込んで見聞きする内容を体験（「身内化」）する（「住まう」）能力、そして「身内化」と同時に体験内容を「包越（包容・超越）」する能力の上に成り立っていることになる。

おわりに

本論で展開した議論は、アニミズム心性を特徴とする日本人に限定される内容の可能性がある。と言うのは、本論の発想の背景には筆者が長年構想している「臨床的土壌（therapeutic matrix）」論が有る。一神教が神と対峙する、個の確立を前提にする西欧の文化においては「私（自我）」の統合作用が心理療法、特に精神分析治療の大前提であるのに対して、アニミズム心性の文化においては、主体が集合的であるため神も集合的となってしまう。その結果、アニミズムの神は多神教である一方で、集合的神の一神教でもある。この心性は西洋文化における個としての「私」よりも、集合的に「場」と重なるような「自」と個としての性格を持つ「分」が一緒になって「自分」が主体を構成している。集合性を特徴とする日本人心性の文化においては、鏡の世界体験にみられるように「身内化」と「包容」による体験化の構造が有るのである。述語的同一化も含めて、能動・受動、自・他の両面をこころの裡で体験しているのが日本人心性の基底で働いている「包容」機能である。

乱暴な考察となっていることは否めないが、「祈りの人間学（homo precatio）」に向けての着想を羅列するように論を進めた結果である。何かの宗教を信仰するという意味ではなく、現代人にとって身を入れて何かを「信じる」ことや「祈る」ことが体験として生じにくくなっているのではないかと日常の中で感じることが有る。情報に踊らされるのも、地に足をつけていない／深く根を下ろしていないということがあるのであろう。もしかして、心理的身体・身体像の自由さは、帰り着く場所、つまり深く実体としての身体が根を下ろしている必要が有るのではないかと考えられる。多くの現代人は漂泊しているのか、あるいは浮き草的に辛うじて足が地に届いている程度の現状なのかも知れない。

多くの事象が体験としてよりも情報として処理され、それこそ情報を真に受けて深く傷ついたり動揺したりしてしまう人が多くなっているという印象を筆者は持っている。となると、筆者が想定している日本人心性、アニミズム心性はもはや前提にできない代物となっている可能性も有る。しかし、臨床現場で心理療法が成り立っているのは、本論で展開している議論に間違いはないという確信が筆者には有る。

また、筆者が構想している臨床的土壌論は主に葫蘆之會での加藤清先生との交流によって筆者に芽生え培われてきたものである。本書を構想するに当たって、筆者にとっては本論文は最適な内容で有ることは間違いない。しかし、加藤先生からの薫陶を形にするには、臨床的土壌論を単著として完成させるしかないと考えている。先生から戴いたものは膨大すぎてなかなか纏めるには多くの時間を要するが、必ず完成したいと考えている。このことは筆者の義務であると自覚している。本論の最後にこのことへの強い決意を表明しておきたい。

【註】

（1）山本昌輝 (2016)「鏡の世界体験」
　蔦野克己編 『人間を生きるということ』 文理閣 72−97頁

（2）山本昌輝 (2007)「御嶽のコスモロジーと「箱庭」」
　岡田、皆藤、田中編 『箱庭療法の事例と展開』 創元社 80−96頁
　山本昌輝 (2008)「イメージ体験の「場」について」
　藤原、皆藤、田中編 『心理臨床におけるイメージ体験』 創元社 127−136頁
　山本昌輝 (2009)「過渡的身体像」
　伊藤、大山、角野編 『心理臨床関係における身体』 創元社 232−244頁

（3）山本昌輝 (2006)「住まうということ」「御嶽のコスモロジー」及び「心理療法と祈り」
　青木真理編著 『風土臨床』 コスモス・ライブラリー 250−290頁.

（4）Khan, M. M-R. (1962) 'Dream psychology and the evolution of the psychoanalytic situation'
　Khan, M. M-R. (1972) 'The use and abuse of dream in psychic experience'
　In Khan, M. M-R. *The Privacy of the Self*. Hogarth Press. 1974
　Khan, M. M-R. (1976) 'The changing use of dream in psychoanalytic practice'
　In Khan, M. M-R. *The Hidden Selves*. Hogarth Press. 1983
　山本昌輝 (1988) 「夢と心理療法」
　山中康裕、齋藤久美子編 『臨床的知の探求 下』 創元社 256−278頁

（5）山本昌輝 (2000) 「心的世界の平板化」 大谷学報 79巻4号 1−12頁

あとがき

山本昌輝

二〇一二年に本書を企画して、結果六年もの休眠期間を経てやっと日の目を見ることになった。本書は、我らが師匠、伝説の精神科医、故 加藤清先生の追悼論文集であると共に、先生のお声掛けで一九九四年に始まった葫盧之會の閉会を宣言する書である。二〇〇六年に『風土臨床』、二〇一二年に『心理療法の彼岸』、そして本書『心理療法と祈り』が本年（二〇一八年）に公刊されて、三部作が完成することになる。奇しくも六年おきに出版するのは不思議な因縁があるのではないかと勘ぐりたくなる。

心理療法に従事していると、偶然の配置に何らかの秩序が有るように事象が配されていて、それこそ偶然に調えられていることに、その美しさに感嘆することも少なくない。自然界に当然のように秩序性が有るのも、結局は人為的でなく、故意に依るものではないからこそと言えるのかも知れない。

人が生まれて死んで逝くのも自然の摂理で、まさにひとりの人の一生は、方丈記の冒頭の一節に有るように、川面の泡沫のように現れては消えていく。宮澤賢治の『春と修羅』の冒頭にも有るように、ひとりの人の一生はせわしく明滅するひとつの青い照明である。賢治は夏の宵に満天の星の下、川面にその光を映しながら乱舞する蛍の明滅に、人の儚い一生を観たのかも知れない。永遠と言ってもいいほどに長く光り続ける星々と、瞬く間にいのちの終わりを迎える蛍たちの明滅、そしてこの両者の多くの光を映しながら一定の速度で流れている河の水。悠久の時と刹那とが音楽を奏でるように調えられている。「あはれ」という情趣が私のこころにしっくりと馴染む瞬間でも有る。

葫盧之會の研究活動の重要な牽引者で有り、師匠であった玉城安子さんと加藤清先生というおふたりを喪って、会が本当に存続するかどうか以前に、会そのものへの関心を会員が失ったような状態であった。それは解散も何も、葫盧之會そのものが会員のこころから全く消失してしまった感があった。したがって、その無活動の期間を休会と言うこともできない。言ってみれば、空白期間なのである。

本書の出版がここまで遅れたのも、結局はこの空白期間が間に入ったからである。しかし、反対にこの出版計画があったからこそ、葫盧之會が本当の意味で消滅することにはならなかったと言える。本書の企画が加藤先生の死を包越する、ひいては葫盧之會の終焉を包越するために有ったと言えるのである。今後、会組織とは決して成らないだろうけれども、葫盧之會の仲間は自称ポスト葫盧之會会員として、共通言語をもった心理臨床家としてこれまでよりも自由にかつ活発にお互い切磋琢磨していけるような予感がある。加藤先生を喪った衝撃からやっと自身を解放して、まさに先生の死を包越して、葫盧之會の活動で得た糧を材料に各自が各自の想いを胸に心理臨床活動の深化に努めることになるという予感が私に有る。加藤先生に受けた薫陶は各自の精進において発揮されるであろうし、そうすることで河の流れを絶やさないことになる。今後の心理臨床家としての深化と飛躍が葫盧之會に関わったメンバーに課されたミッション（命）であると、私は信じている。

本書の出版にあたっては、これまでの二書の出版の縁もあって、コスモス・ライブラリーの大野様には大変お世話になりました。本当に温かく接して下さいました。改めて深く感謝申し上げます。

執筆者紹介（氏名、所属、執筆担当章、主要業績）

◎青木 真理　福島大学総合教育研究センター教授　**第一章**
『風土臨床』（編著、コスモス・ライブラリー）
『現場で役立つスクールカウンセリングの実際』（共著、創元社）
『転換期と向き合うデンマークの教育』（編著、ひとなる書房）

◎辻野 達也　心理臨床オフィス artisan 代表、関西大学専門職大学院非常勤講師　**第二章、第三章**
『心理療法の彼岸』（共著 コスモスライブラリー）
「進行性筋ジストロフィー症患者の実存的葛藤とその援助の可能性に関する一考察」（心理臨床学研究第23巻3号）
「山村留学経験が子どもたちに与えた影響に関する一研究」（心理臨床学研究第28巻2号）

◎近藤 正樹　アルコ心理オフィス　代表　**第四章**
『「対人援助学」キーワード集』（共著、晃洋書房）
『西田幾多郎の純粋経験』（共著、高菅出版）
『人間であること――9人9色の物語』（共著、晃洋書房）

◎三宅　理子　東海学園大学人文学部心理学科教授　　　第五章
『心理療法』（共著、新曜社）
『心理療法の彼岸』（共著、コスモスライブラリー）
『ユング派心理療法』（共著、ミネルヴァ書房）

◎西村　理晃　ロンドン医療センター、Camden Psychotherapy Unit、The Institute of Psychoanalysis
第六章

◎山本　陽子　（公益社団法人）葵橋ファミリー・クリニック首席カウンセラー、奈良女子大学・立命館大学非常勤講師　　**第七章**
『こころの教育とカウンセリング』（共著　八千代出版）
『風土臨床』（共著　コスモスライブラリー）
『心理療法の彼岸』（共著　コスモスライブラリー）

◎橋本　朋広　大阪府立大学大学院人間社会システム科学研究科教授　　　**第八章**
『こころの教育とカウンセリング』（共著、八千代出版）
『風土臨床』（共著、コスモスライブラリー）
『心理療法の彼岸』（共著、コスモスライブラリー）

◎山本　昌輝　立命館大学文学部教授　**第九章**
『パトスの人間学』（単著、メディアイランド）
『人間を生きるということ』（共著、文理閣）
「自分と身体像」（臨床心理身体運動学研究　第14巻1号）

『心理療法と祈り――加藤清先生追悼――』

2018年2月5日　　第1刷発行

発行所　　(有)コスモス・ライブラリー
発行者　　大野純一
〒113-0033　東京都文京区本郷3-23-5　ハイシティ本郷204
電話：03-3813-8726　Fax：03-5684-8705
郵便振替：00110-1-112214
E-mail：kosmos-aeon@tcn-catv.ne.jp
http://www.kosmos-lby.com/
装幀　　瀬川　潔
発売所　　(株)星雲社
〒112-0005　東京都文京区水道1-3-30
電話：03-3868-3275　Fax：03-3868-6588
印刷／製本　シナノ印刷(株)
ISBN978-4-434-24366-0 C0011
定価はカバー等に表示してあります。

青木真理［編著］

風土臨床：沖縄との関わりから見えてきたもの――心理臨床の新しい地平をめざして――

沖縄の「カミンチュウ」から学んだ知恵を心理臨床に活かす試み

――沖縄の方々、心理臨床に携わる方々へ

心理臨床に携わる六名の著者は、あるカミンチュウ（カミゴトに関わる人）から沖縄の祭祀、暮らしについて、特に、ある土地に生きる人間が、その土地を住まいとするさまざまな存在と調和しながら生きる智慧を学んだ。そのことを、それぞれの心理臨床という営みのなかに生かし、そうすることで沖縄にお返ししたいと思い、本書を編んだ。「風土臨床」という言葉は、そうした願いから生まれた言葉である。沖縄に住まいされている方、沖縄の伝統、信仰に関心のある方、心理臨床に携わる方に、特に読んでいただきたい。

■風土へのまなざしのはじまり■心理臨床家の沖縄研究（カミゴトの関与観察――玉城安子さんとの出会い／夢の叡智／カミンチュウ（玉城さん）の夢）■沖縄研究と風土臨床（土地から教えられるもの／からだと風土／風土臨床――自然から受け取り、お返しすること――）■風土臨床の展開（風土臨床の態度と実践／風土臨床と心理療法）■沖縄神学と風土臨床（沖縄神学と風土臨床の間／住まうということ／御嶽のコスモロジー／祈りと心理療法）

〈定価2160円〉

山本昌輝・青木真理［共編著］

心理療法の彼岸――加藤清翁卒寿記念論文集

彼岸からの伝道師・精神科医 加藤清翁へのオマージュ

本書は稀有の精神科医・教師である加藤清翁に学んだ十三人の著者が、翁から受けた学恩に感謝し、卒寿を祝うために書いた論文集で、『風土臨床：沖縄との関わりから見えてきたもの――心理臨床の新しい地平をめざして』で発表された成果の一部が発展的に盛り込まれている。

■ニラーハラー（ニライカナイ）の旅人達■加藤先生と「こども」■お祝いの琉歌との出会い■「抱える」ということ～あっちの世界とこっちの世界の狭間での体験から～■「あれか、これか」を超える――沖縄での体験を通じて■聖地（水源）をたどる旅■現代社会とシャマニズム■オキナワ体験によるスピリチュアリティの開け■唯識大乗と大脳小乗■〈まれびと〉の意識と永遠回帰の現象学■「カミとの対話」としての心理療法過程■処理困難な精神障害者との関わりの中で見えてきたこと■木景療法――その臨床的意味についての一考察■人間、樹木、心理療法■精神分裂病の治療とは何か

〈定価2160円〉

「コスモス・ライブラリー」のめざすもの

古代ギリシャのピュタゴラス学派にとって〈コスモス Kosmos〉とは、現代人が思い浮かべるようなたんなる物理的宇宙（cosmos）ではなく、物質から心および神にまで至る存在の全領域が豊かに織り込まれた〈全体〉を意味していた。が、物質還元主義の科学とそれが生み出した技術と対応した産業主義の急速な発達とともに、もっぱら五官に隷属するものだけが重視され、人間のかけがえのない一半を形づくる精神界は悲惨なまでに忘却されようとしている。しかし、自然の無限の浄化力と無尽蔵の資源という、ありえない仮定の上に営まれてきた産業主義は、いま社会主義経済も自由主義経済もともに、当然ながら深刻な環境破壊と精神・心の荒廃というつけを負わされ、それを克服する本当の意味で「持続可能な」社会のビジョンを提示できぬまま、立ちすくんでいるかに見える。

環境問題だけをとっても、真の解決には、科学技術的な取組みだけではなく、それを内面から支える新たな環境倫理の確立が急務であり、それには、環境・自然と人間との深い一体感、環境を破壊することは自分自身を破壊することにほかならないことを、観念ではなく実感として把握しうる精神性、真の宗教性、さらに言えば〈霊性〉が不可欠である。が、そうした深い内面的変容は、これまでごく限られた宗教者、覚者、賢者たちにおいて実現されるにとどまり、また文化や宗教の枠に阻まれて、人類全体の進路を決める大きな潮流をなすには至っていない。

「コスモス・ライブラリー」の創設には、東西・新旧の知恵の書の紹介を通じて、失われた〈コスモス〉の自覚を回復したい、様々な英知の合流した大きな潮流の形成に寄与したいという切実な願いがこめられている。そのような思いの実現は、いうまでもなく心ある読者の幅広い支援なしにはありえない。来るべき世紀に向け、破壊と暗黒ではなく、英知と洞察と深い慈愛に満ちた世界が実現されることを願って、「コスモス・ライブラリー」は読者と共に歩み続けたい。